KB157380

이토록 일방적 아픔이라니

일러두기
이 책의 사례에 소개된 이름들은 모두 가명입니다.

낮은 자존감 때문에 스스로를 괴롭히는 그대에게

이토록 일방적 아픔이라니

초판 1쇄 인쇄 2020년 12월 10일
초판 1쇄 발행 2020년 12월 15일

지은이 최원호
펴낸이 인창수
펴낸곳 태인문화사
디자인 김민정
본문 일러스트 정나영
신고번호 제10-962호(1994년 4월 12일)
주소 서울시 마포구 독막로 28길 34
전화 02-704-5736
팩스 02-324-5736
이메일 taeinbooks@naver.com

ⓒ 최원호, 2020

ISBN 978-89-85817-86-8 03180
책값은 뒤표지에 있습니다.

낮은 자존감 때문에 스스로 괴롭히는 그대에게

이토록 일방적 아픔이라니

최원호 교육학 박사

태인문화사

노련한 자존감의 고수

미국의 정신분석학자 에릭 에릭슨은 대학 시절이 과거와 현재, 미래의 자신을 통합하고 자아정체감을 확립해가는데 가장 적합한 시기라고 했다. 이 과정에서 형성되는 것이 자존감이다. 자존감은 자기 자신을 가치 있고 긍정적인 존재로 평가하는 개념이다.

자존감이 높을수록 일상생활이 훨씬 더 긍정적으로 이루어지고 삶의 만족도가 높다. 분노 조절도 잘되고 대인관계도 원활하며 타인을 돌보는 능력도 뛰어나다. 똑같은 환경에서 동일한 작업을 해도 창조적이고 생산적이어서 좋은 결과를 얻는다.

반대로 자존감이 낮으면 어떨까? 심리적으로 불안하고 정서적으로 우울하고, 쉽게 소외감을 느낀다. 공부나 일, 연애에서도 부정적인 자기 최면이 강해서 좋은 결과를 얻지 못한다. 내가 질 것 같은 기분이나 패배의식, 자격지심에 자주 빠져들게 된다. 인간관계에서도 문제가 많이 생긴다. 자기 의견은 무시하고 상대방의 의견에 무조건 동의하고 따라하면서 좋은 관계를 유지하려고 애쓰다가 "줏대 없다"는 핀잔과 함께 손가락질을 당하기도 한다.

자존감이 극도로 낮은 사람은 평범한 일상조차 버겁다. "있는 그대로의 자신을 받아들이고 사랑하세요"라는 말은 그들에게는 공허한 메아리일 뿐이다.

다른 사람에게 인정받고 싶어 허풍을 떨고 과장하기도 한다. 아니면 실패에 대해 자기합리화를 계속 일삼는다. 타인의 평가와 거부로부터 자신을 철저하게 보호하기 위한 방어전략들을 사용하는 것이다. 가령 잘못한 일도 인정하지 않고 핑계나 변명거리를 내세우면서 문제를 키운다. 그 과정에서 자신이 정말로 똑똑하고 잘났다는 착각에 빠지기도 하는데, 주변 사람들은 진실을 다 알고 비웃어도 정작 본인은 깨닫지 못한다.

당신은 이 중에서 어디에 해당하는가?

더 자세히 살펴보자.

주변 사람 중에 매사에 부정적인 사람을 떠올려보라. 그들은 대개 불평·불만이 많고, 소극적·방어적이다. 그런 사람들은 대부분 자존감이 낮다. 자기 자신을 낮게 평가하니 다른 사람도 긍정적으로 평가하지 않는다. 이미 실패한 경험이 많으며, 이번에도 실패할 것이라는 자기암시를 습관적으로 보낸다.

이것이 심해지면 '자기불구화 전략'에 돌입한다. 자기불구화는 말 그대로 실패를 정당화할 수 있는 구실을 미리 만들어 실패해도 더 이상 자존감의 손상을 입지 않으려고 하는 것이다. 가령 밤늦게까지 술을 마시고 다음 날 시험을 망쳤다면 당연히 '술 때문에 시험을 망친거야!'라고 생각한다. 자기가 능력이 없어 시험을 망친 것은 아니라는 말이다. 정반대로 그렇게 술을 마시고도 시험을 봤는데 운 좋게 높은 점수를 받았다면 '역시 나는 술을 마셨음에도 시험을 잘 보는 능력자'로 둔갑한다.

자존감이 낮은 상태에 나타날 수 있는 대표적인 행동이 완벽주의다. 이는 타인의 평가와 거부로부터 자신을 보호하기 위해서 모든 일을 완벽하게 함으로써 다른 사람들에게 인정받으려는 행위다.

생각한 것보다 잘하지 못했을 때는 겸손의 수준을 넘어 자기비하에 빠지거나 필사적으로 자기방어를 한다. 자신의 부족함이 노출될까봐 외톨이로 지내기도 한다.

물론 살다보면 자존감은 이런저런 실패와 좌절을 겪고 대인관계에서 스트레스를 받으면서 타이어에서 바람이 빠지듯이 서서히 낮아진다. 특히 부모나 주변 사람으로부터 비난이나 무시를 당하면 빠르게 떨어질 수 있다. 그래서 평소에 수시로 자기 자존감을 점검하면서 살아야 한다.

그러나 청년들의 자존감 지수는 체감을 통한 시간이 지날수록 점점 떨어지는 것 같다. 요즘은 많은 청년들이 이름만 청년이지 청년다운 정신과 패기는 약하고, 도전보다는 안정된 직업만 선호하며 돈만을 좇는다. 그러나 더 큰 문제는 따로 있다. 돌이킬 수 없을 만큼 자존감이 떨어진 청년들이 점점 더 늘어나고 있다는 사실이다. 실제로 청년 노숙인이 2016년 기준으로 전국 노숙인의 8%라는 통계수치가 나와 있다. 이는 청년 노숙인이 경제 문제와 정서적 문제를 복합적으로 겪고 있다고 하는 사실을 보여주고 있는 것이다.

이들의 인생사가 눈물겹다. 이들 중 상당수는 IMF 사태 전후로 태어났고, 휴대전화나 신용카드 명의 도용 사기를 당했거나 카드 빚 때문에 경제적인 어려움을 겪었다고 한다. 그러다가 신용불량자가 되고 아르바이트 등의 일자리를 구하지 못하면서 자취방 월세를 감당하지 못해 거리로 나온 것이다. 이들 가운데 대부분은 노숙자 상태에서 벗어나고 싶지만 사회로 돌아가는 게 두렵고, 비슷한 젊은 노숙인이 많아 위안이 되기 때문에 자꾸 거리로 나오게 된다고 이야기한다.

얼핏 생각해보면 청년이니 마음만 잘 먹으면 빨리 일어설 수 있을 것 같지만, 오히려 이들은 다른 세대의 노숙인보다 자활의지가 더 떨어진다. 맨주먹 뿐일 젊은이가 세상과 맞서는 데 필요한 자존감을 잃었기 때문이다. 청년 노숙자처럼 젊은 날에 자존감이 너무 심하게 망가지면 돌이키기 힘들 수도 있다.

이렇게 척추처럼 자신을 꼿꼿하게 세우는 역할을 하는 자존감은 한번 떨어지면 회복이 쉽지 않다. 따라서 자신의 자존감을 신경 써서 계속 점검해야 한다. 옛말에 "손톱 곪는 것은 알아도 염통 곪는 것은 모른다"고 했다. 작은 상처는 겉으로는 잘 보이지만 오히려 크고 깊은 상처는 보이지 않게 숨겨져있기 마련이다.

나의 자존감이 어떤 상태인지 스스로 점검하는 시간을 갖자. 자신도 모르는 사이에 자존감이 낮아졌다면 지금부터 회복시켜야 하고, 숨겨진 상처도 드러내어 치료해야 한다. 찢어진 것은 꿰매고, 곪은 것은 도려내고, 상처난 환부는 소독하고 감싸주어야 새 살이 돋아나지 않는가. 나의 자존감 상태가 어떠한지 살펴보면서 치유법을 함께 고민해보자.

2020. 11
최 원 호

CONTENTS

상처받은
청춘을
위하여

영혼까지
잠식 당하기 전에

〈안녕들… 하십니까?〉란 대자보가 대학가에 자주 붙어있던 때가 있었다. 그 후 대학생들의 사회적 · 정치적 무관심에 대한 반성이 한동안 이어졌다. 그러나 나는 젊은이들의 자기 정신건강에 대한 무관심 또한 생각해볼 문제라고 생각했다. 혹시 마음이 전혀 괜찮지 않은데도 괜찮은 척하며 살고 있지는 않은지? 다음 사례를 통해서 살펴본다.

보라는 최근 들어서 일주일에 세 번 이상 눈물을 흘리고 또 그때마다 술에 의지해서 만취 상태에 빠지곤 한다. 주체하기 힘들 정도지만, 그저 속으로 '난 괜찮다, 괜찮아지겠지'라고 자신을 달랬다. 그러나 상태는 나아지지 않았고 무려 두 달 넘게 똑같은 생활을 반복했다.

보라는 평소에 활발하고 의욕이 넘치는 편이었다. 항상 여러 가지 일을 벌였고, 동아리와 동호회 활동에도 적극적이었다. 이런 우울한 증상이 계속되던 두 달간 그녀는 아무것도 하지 않았다. 학교 수업도 듣는 둥 마는 둥, 거의 매일 혼자서 술을 마시고 울면서 멍하니 하루를 보냈다.

그런데 보라가 그런 상태에 빠져있는지 아무도 몰랐다. 힘든 일이 생겨도 부모나 친구에게 잘 털어놓지 않는 성격인데다가, 주변에서는 그녀가 워낙 자기 일을 잘 알아서 하고 씩씩한 편이라 별 문제가 없다고 생각한 것이다.

보라 스스로 자기 이야기를 하지 않다 보니 가족이나 친한 친구조차도 그녀의 마음에 생긴 커다란 상처를 눈치 챌 수 없었고, 그저 최근에 모임이 많아져서 술을 자주 마신다고만 생각했다.

지난 6개월 동안 보라는 한 회사에서 인턴사원으로 일을 하면서 너무나 큰 스트레스를 받았다. 자신의 관리를 맡은 총무팀 담당자 때문이었다.

그 담당자는 보라에게 처음에는 말귀를 잘 알아듣지 못한다며 "보기보다 '어리바리'하다"고 농담을 했다. 그녀가 가진 열정에 비해서 아직 모든 것이 서툰 것을 두고 했던 말이지만, 이후에도 담당자가 계속 같은 말을 하자 보라의 귀에는 그것이 조롱으로 들리기 시작했다.

시간이 지날수록 보라는 주눅이 들어서 평소에 잘하던 일마저 자주 그르쳤다. 이제는 자신이 정말 '어리바리한 사람'이라고 느낄 정도로 일이 서툴렀다. 다른 사람들도 어느덧 자신을 그런 사람으로 몰아간다고 생각하기에 이르렀다.

한 번은 그 담당자의 팀장에게 업무 보고를 하다가 그 담당자를 두고 한 말이 와전되기도 했다. 며칠 후 보라는 자신에 대한 이상한 소문을 들었다. '인턴사원이 하극상을 보였다'는 것이다. 그렇지 않아도 냉랭했던 그 담당자와의 사이가 그 일로 인해 더 나빠졌다.

보라는 어느 순간부터 아침에 회사에 가는 것이 지옥에 가는 것처럼 느끼기 시작했다. 남들이 부러워하는 회사를 다니고 있으니 그만둘 수도 없고, 집안 형편 등을 생각해서 무조건 참아야 한다고 마음을 먹었다. 날마다 힘을 내려고 애썼고, 나중에는 '오늘만 무사히 버티자'고 다짐했다. 그러나 결국 회사와 약속한 8개월을 채우지 못하고 6개월 만에 그만두었다. 기간을 다 채우면 정규직으로 채용될 수 있었지만 도저히 더 참을 수가 없었다. 인턴기간에는 어떻게든 버티더라도 회사에서 그 담당자와 얼굴을 마주하며 계속 다닐 자신이 없었다.

보라는 자신이 회사에서 누구보다 일을 잘할 것이라고 생각했다. 자신은 동아리 회장도 맡고 있고, 학점 관리도 잘해서 장학금

을 받기도 했으며, 친구들보다 더 많은 아르바이트를 하면서도 일상생활을 잘 컨트롤해왔다는 자부심이 있었다.

그런데 처음 해본 회사생활은 평소 자신이 갖고 있던 긍정적인 이미지를 완전히 무너지게 했다. 누구보다 자부심이 강했던 그녀는 힘든 이야기를 아무에게도 털어놓지 못했다. 그 결과 6개월 동안 보라의 자존감은 바닥까지 떨어지고 말았다.

회사를 그만두자마자 그동안 참았던 분노와 억울함이 우울증 증세로 나타났다. 그 증세가 무려 두 달이나 계속되었다. 보다 못한 보라의 엄마는 술에 취해 들어온 딸을 붙잡고 왜 그러느냐고 조심스럽게 물었다. 그동안 변한 딸의 모습에 속만 끓고 있던 차에 더 이상 이대로 두면 큰 일이 나겠다 싶어 건넨 말이었다.

"보라야, 요즘 무슨 일이 있니? 잘 다니던 회사도 그만두고 자주 술을 마시며 힘들어하는 이유가 뭔지 엄마한테 말해주면 안 되겠니?"

엄마의 답답한 심정을 그녀가 모를 리 없었다. 하지만 그동안 자신이 모두 감내하려고만 했는데, 엄마의 물음에 눈물부터 왈칵 쏟아졌다. 그리고 술김에 엄마에게 괴로운 심정을 오랫동안 주절주절 늘어놓았다.

엄마는 언제나 씩씩했던 딸이 이런 아픔을 숨겨왔다는 사실에 매우 놀랐다. 최근 들어 부쩍 취해서 늦게 들어오는 일이 잦아서 잔소리만 해왔던 터였다. 엄마는 특별한 조언을 해주지는 못했지만 딸이 하는 이야기를 묵묵하게 들어주었다.

두 사람은 날이 밝을 때까지 이야기를 나누었다. 사건을 다시 꺼내서 하나하나 곱씹어보니 그녀는 또다시 울컥하고 화가 났다. 울음이 멈추지 않았다. 이야기를 하면서 그녀는 자신이 회사 일로 너무나 큰 상처를 받았고 자존감이 심하게 손상되었다는 사실을 알게 되었다. 그 전까지는 회사를 관두면서 모든 것이 정리되었고, 이제 후련해졌다고만 생각했던 것이다. 그러나 그녀의 진짜 가슴속 밑바닥에는 상처가 너무도 생생하게 살아있었다. 그 상처는 치료도 되기 전에 서둘러 덮으려고만 해서 더 덧나있었다.

내 자존감을 자주 들여다보고 응시하기

사회생활을 처음 하다 보면 자존감에 상처를 많이 입게 된다. 특히나 인턴사원은 서로에게 익숙한 사람들만 모여있는 한 회사에 홀로 떨어진 낯선 존재이기에 다른 사람들에게는 관찰의 대상이자 호기심의 초점이 되기도 한다. 무엇보다 최종적으로는 평가의 대상이기 때문에 당사자는 소신대로 행동하기 힘들다.

그러다 보니 자신도 모르게 다른 이의 평가를 의식해서 시키는 대로 하거나 부당한 일을 당해도 제대로 말하지 못한다. 또 자기 양심의 소리를 무시하며 그저 속으로 삭히게 된다.

물론 인턴기간을 무사히 마치고 정규직으로 채용되었다면, 힘들었던 그 시간마저 가치 있게 여겨진다. 무언가 굉장히 부당한 일을 당했지만 그런 일은 앞으로도 일어날 수 있는 일이라 생각하게 되고, 참고 견디며 버틴 결과 그런 걸 이겨냈다고 스스로를 격려하며 만족한다. 요즘 젊은이들이 말하는 '정신승리'인 것이다.

그러나 양심에 따라 당당하게 행동한 것도 아니고, 자존감까지 버리면서 참은 대가가 인턴계약기간을 다 채우지도 못하고 나와버렸다는 실패뿐이라면 자신에 대한 분노와 좌절감은 이루 말할 수 없이 클 것이다. 보상은커녕 이용당하고 말았다는 분노감과 부당한 일을 참고 넘어간 자신의 나약함을 떠올리면서 스스로를 용서하기 힘들 것이다.

보라는 지난 시간 동안 대견할 만큼 잘 견뎌왔다는 사실만은 꼭 기억해야 한다. 그러니 당신의 상황이 보라의 것과 같다면 자신의 소신 없음을 자책하며 스스로 작아지지 말라. 이번 기회에 양심을 거스르는 것까지 무조건 참고 견뎌야 한다는 편견에서 벗어났고, 용기를 내서 자기 입장을 밝혀야 한다는 교훈을 얻지 않은가. 무엇보다 어떤 일에서든 자신의 자존감까지 무너뜨려서는 안 된다는 중요한 가르침을 배운 것이다.

면역력을 키우지 않으면 바이러스라는 위험에 노출된다. 자존감을 향상시키는 백신을 접종하는 것과 마찬가지로, 내 몸속에 자존감의 항체가 생겨나도록 자기를 단련시키지 않으면 안 된다.

아직 처음이고 가야 할 길은 너무나 멀지 않은가? 훗날 이 일은 점과 같은 아주 작은 실수로 기억될 것이다. 이제부터가 중요하다. 자신의 아픔을 직접 바라볼 용기가 있다면 충분히 극복할 수 있다. 얼마 지나지 않아 다시 밝고 씩씩했던 본래의 좋은 모습을 되찾게 될 것이다. 그것이 자존감이 우리에게 보내는 시그널이다.

자존감이 바닥까지 떨어지는 일을 겪었을 때, 가장 먼저 해야 하는 것은 감정 드러내기, 표현하기, 그리고 털어놓기다. 우리는 아픔은 굳이 드러내는 것보다는 빨리 삭히는 것이 좋다고 배웠고, 대부분 그렇게 살고 있다. 그러나 아픔을 가능한 한 빨리 털어놓고 때로는 넋놓고 울어야 자존감을 회복할 수 있다. 털어놓기 자체만으로는 우울함에서 완벽하게 벗어날 수 없지만, 시련에서 벗어나려는 의지와 용기를 확보할 수 있기 때문이다.

늘 몸과 마음이 보내는 신호에 주의를 기울여야 하는 이유가 여기에 있다. 요즘 생활에서 힘든 점이 있었던가? 그 일은 털어놓는다고 해결될 것도 아니고, 이해받을 수도 없다고 지레 짐작하는가? 혼자만 아픔을 꽁꽁 싸매고 있다면, 그 아픔조차 부정하며 받아들이지 않으려 한다면 나의 자존감은 복구하기 힘들 만큼 망가질 수 있다. 내 자존감을 들여다보고 응시하자.

'지금 나의 자존감은 안녕한가? 이대로도 괜찮은가?'

노력의 배신에
무릎 꿇기 전에

청소년들에게 학교에 왜 가느냐고 물으면 대부분 '그냥이요'이라고 답한다. 대학생들에게 학교에 왜 다니느냐, 왜 사느냐고 묻는다면 어떤 답이 돌아올까?

사실 어른들도 이 질문에 답하기는 매우 어렵다. 우리는 평소에도 '그냥'이란 단어를 입에 달고 살지 않는가. 또 힘든 일을 겪은 후에는 그냥 사는 것이 잘하는 일이라고 여긴다. 하지만 마음에 상처를 입어, 그 좌절감 때문에 '열심히'가 아닌 '그냥' 살고 있는 것은 분명히 다른 문제다.

우리 주변에는 마음의 상처 때문에 더 이상의 노력 없이 '그냥' 사는 젊은이들이 분명히 많다. 스스로가 알아차리지 못할 뿐이다. 그렇다면 그들의 마음을 들여다보고 상처를 치료해줄 방법은 정녕 없는 것일까?

재윤이는 고등학생 때부터 운동을 좋아했다. 특히 농구를 좋아했다. 처음에는 실력과 재능이 뛰어난 편이 아니어서 같이 시작한 친구들 사이에서 눈에 띄지 않았다. 그는 열심히 했음에도 주전 멤버가 되지 못하는 '충격'도 겪었다.

재윤이는 이 사건을 계기로 독기와 오기가 생겨 이를 악물고 연습했다. 잘하고 싶은 마음이 너무 커서 스스로 자책하고 자신을 비난하면서 혼자서 외로이 훈련을 이어갔다. 남다른 성취를 이뤄낸 사람들의 책과 동영상 등을 찾아보면서 동기부여를 하고, 자신의 게으른 생활태도도 버렸다.

남모를 훈련 시간이 쌓이자 작은 성과들이 나타났다. 이는 주전 멤버가 되지 못했다는 자괴감을 조금씩 사라지게 해주었다. 무엇보다 난생 처음 본인이 원하는 것을 하면서 열심히 노력하는 것 자체가 좋았다. 보통은 무언가를 목표로 해도 작심삼일로 끝나는 일이 많았는데, 이번에는 계속했다는 것 자체가 아주 뿌듯했다.

실력의 변화는 6개월 후부터 나타났다. 재윤이는 차츰 팀 내에서 두각을 나타냈다. 자신보다 실력이 월등했던 친구들과 비슷한 정도가 되었고, 때로는 더 뛰어난 플레이를 펼치기도 했다. 친구들의 부러움과 칭찬을 피드백으로 받게 되니 더욱 자신감이 붙었다. 자신이 성장하고 있음이 느껴졌고, 노력한 만큼의 대가는 반드시 주어진다는 것도 깨달았다.

이런 성공의 경험은 학교 공부에서도 이어졌다. 재윤이의 가슴에는 어느덧 '노력하면 안 되는 것이 없다'라는 신조가 새겨졌다. 학업에서도 열심히 노력했을 때의 기쁨을 맛보고 싶었다.

재윤이는 내신보다 모의고사에서 항상 성적이 좋지 않았다. 그래서 공부 방법을 바꾸어서 모의고사를 준비했다. 이때는 재윤이의 삶에서 가장 뜨겁게 공부에 몰입한 시간이었다. 석 달 후 치른 모의고사에서 자신도 놀랄 만한 성적을 올렸다. 한 번 올라간 모의고사 성적은 계속 비슷한 수준을 유지했다.

그래서 11월 수능에서도 좋은 결과가 나올 거라고 조심스럽게 기대를 하게 되었다. 그러나 결과는 상상 밖이었다. 정작 수능에서는 가장 형편없이 치렀던 모의고사 점수보다 더 낮은 점수를 받고 만 것이다. 난생 처음 받아보는 점수와 등급 때문에 너무 충격을 받았다.

재윤이는 재수할 형편이 안 되어서 점수에 맞는 대학에 진학했다. 대학생활을 하면서 마음이 다잡아질 줄 알았는데 오히려 좌절감은 더 커졌다. 세상에 노력으로 얻을 수 없는 것이 있다는 것을 인정하기 싫었다. 인생에서 매우 중요한 일을 망쳤다는 사실에 자신은 더없이 불운아라는 생각마저 들었다. 특히 모의고사보다 수능에서 훨씬 높은 성적을 거둔 아이들을 보면 화가 나서 견딜 수가 없었다. 같은 반 친구가 자신보다 공부를 못했음에도 더 이름 있는 대학에 간 것을 보면 '내가 저 아이보다 노력을 얼마나 더 했는데!'라는 분노가 치밀었다.

"노력하지 않아도 결국 운 좋은 놈이 다 가지는 것 같다고나 할까요. 노력하면 잘될 수 있다는 것을 경험해봐서 확신을 가졌는데, 속은 것 같았죠. 최고의 가치라고 믿었던 '노력'에 배신을 당했고, 모든 것이 운에 따라 좌우되는 걸 받아들일 수밖에 없는 현실이라니……."

재윤이는 '노력'에 대한 회의를 한번 품고 나니 이제는 그 어떤 시도도 하기 싫어졌다. 대학을 다니는 동안에도 고등학생 때처럼 무언가를 치열하게 해본 적이 없었다. '노력해 봐야, 헛수고야. 운 좋은 놈이 이길 텐데 뭐' 같은 태도를 고수한 채 말이다.

재윤이는 자신도 모르게 '오늘도 별일 없이 사는' 많은 대학생의 무리에 끼게 되었다. 누구보다 열심히 살았던 고등학생 때의 모습과는 딴판이 된 것이다.

온유한 겸허함이 노력의 독한 배신을 이긴다

무언가를 향한 치열함을 잃어버렸을 때 어떻게 해야 할까? 한때는 목표도 있었고 꿈도 있었지만, 언젠가부터 닥치는 대로 살고 있다면 과연 무엇 때문일까? 정말로 '노력'보다 '운'이 결과를 좌우할까?

재윤이는 상처에 대한 부정적 반응으로 운이 모든 것을 좌우한다고 믿었다. 노력할 이유가 없다고 생각했다. 세상이 그렇다는 게 아니라, 자기 스스로 그렇게 믿기로 결정한 것이다. 스스로 방관자가 되어서 상처 뒤로 숨어있으면 안전하니까 말이다.

그러나 마음으로만 자존감을 세우면 오만과 편견으로 얼룩지기 쉽다. 그러므로 청년기에 철학적인 사고를 하는 능력을 갖춰야 한다. 취업이나 진학 등으로 고난이 닥쳤을 때 이를 극복하는 계기는 자기 나름대로의 개똥철학이라도 있느냐다. 사회 초년생일수록 사회에 대한 두려움과 불안은 클 수밖에 없기 때문이다.

청춘의 진면목은 금방 눈에 띄기 마련이다. 난관에 부딪혔을 때 그 어려움을 기회로 삼기 때문이다. 그래서 무조건 교과서적인 정답을 찾으려고 할 것이 아니다. '인생의 정답은 내가 만든다'고 생각하는 것이 좋다. 그래야 더 큰 세상을 볼 수 있으며, 성공만 정답이 아니라 실패도 정답이라는 사실도 깨우칠 수 있다. 자존감의 핵심은 교과서적인 정답을 찾는 것이 아니다. 오답을 통해 옳은 답에 접근한다는 것을 깨우치는 것이다.

미국의 심리학자 줄리언 로터Julian Rotter는 자신에게 일어나는 문제의 원인을 어디에 두느냐(통제 소재)에 따라 성격유형을 나누었다. 문제의 원인을 내부(노력, 능력)에서 찾으면 내적 통제 성향이 강한 사람으로 '내적 통제자'로, 외부(운이나 예측할 수 없는 환경의 힘)에서 찾으면 외적 통제 성향이 강한 사람으로 '외적 통제자'라 말한다.

재윤이는 스스로 삶의 주인이 되는 '내적 통제자'가 아닌 '결과에 순응하기만 하는 방관자'로 살고 있는 것이다. 방관자가 되면 별일 없이 '그냥' 살게 된다. 생각해보면 편할 것도 같지만 생기가 줄어들고 삶에 의미를 찾지 못해 방황한다. 하지만 어쩌다 행운이 따르더라도 노력해서 결과를 얻어내는 것보다 떳떳하지도 못하고 보람도 느끼기 어렵다는 사실을 재윤이는 알았으면 한다.

사람은 자신을 컨트롤할 수 있다고 느낄 때 매우 활기차다. 눈빛에서 반짝반짝 생기가 돈다. 자신을 통제할 수 있다는 느낌은 좋은 결과를 낳고, 나쁜 것을 최소화하는 방향으로 자신을 이끌어 간다. 그것이 반복될 때, 어떤 일이 닥쳐도 '노력하면 잘될 수 있다', '나는 잘되는 사람이다'라는 인식도 생긴다. 노력을 통해서 자신을 컨트롤하는 능력을 길러야 하는 이유가 여기에 있다.

물론 노력해도 실패할 수 있다. 그것은 엄연한 현실이다. 그래서 모든 것을 내려놓고 결과를 받아들이는 겸허함도 성공 수업에서 매우 중요한 과목이다. 그러므로 단순히 '노력'하지 않으면 아무것도 이룰 수 없다는 마음으로 자신을 채찍질하기보다는, '노력하는 삶이 값지고 자신을 살아있게 하므로 노력하며 살겠다. 그 어떤 결과도 받아들이겠다'는 겸허한 마음을 가지면 어떨까? 때론 온유한 겸허함이 노력의 독한 배신을 이길 수 있다.

나만의 비밀의 성은
위험하다

∶

혼자서 감당하기 어려운 일을 마주했을 때 당신은 어떻게 하는가? 비록 고군분투하며 스스로 문제를 해결했다고 하더라도 미처 치유하지 못한 마음의 상처는 가슴에 계속 남아있는 법이다. 그럼 이번에는 잊을 수 없는 여름방학을 보낸 윤아의 이야기를 통해서 내 안의 숨은 상처를 들여다보자.

윤아가 지난 여름방학 때의 일을 누군가에게 이야기하는 건 10년, 아니 20년 후에나 가능할 것 같다. 그녀는 '그 일'이 있은 후 우울증 증세마저 철저하게 숨기려고 노력했다.

영어학원에도 다녔고, 아르바이트로 하는 과외도 열심히 잘했다. 실수는 없었다. 그러나 어느 날 집으로 돌아와보니 정리된 책장에 있었던 일기장을 누군가가 봤다는 사실을 알게 되었다. 엄마에게 따질 새도 없이 비명부터 질렀다.

엄마는 식탁에서 마시지도 못하는 술을 따라놓고 있었다. 엄마가 '그 일'을 낱낱이 알아버린 것이다. 그 누구도, 특히 엄마만큼은 알아서는 안 되는 일이었다. 눈물만 하염없이 흘러나왔다.

윤아는 평소에 일기를 꾸준히 써왔다. 가까운 친구는 물론이고 남자친구에게도 속마음을 잘 털어놓지 않는 그녀였지만, 일기장에는 자신의 내면을 가감없이 다 드러냈다. 그녀의 일기는 치유의 글쓰기와 다름없었다.

"저는 제 얘기를 정말로 남에게 하지 않아요. 아는 친구는 물론이고 정말 오래 사귄 친구에게도 그래요. 중학생 때부터 지금까지 꾸준히, 그러니까 10년 넘게 만나는 친구에게도 제 속 얘기를 털어놓지 않았죠. 힘든 일을 얘기하는 친구를 위로는 해주지만 제가 겪은 힘든 일로 남한테 위로받을 생각은 절대 안 한다고 할까요? 힘든 일은 제 선에서 끝내고 티내지 말자가 제 신조였던 것 같아요. '어차피 제가 해결해야 할 일인데.' 하고 생각하는 편이죠."

특히나 '그 일'은 친한 친구에게도 도저히 이야기할 수 없었다. 그녀 자신도 상처가 아직 정리되지 않았고, 솔직히 그 일을 떠올리는 것만으로도 눈물이 났다. 시간이 더 많이 흐른 다음에나 이것에 대해서 제대로 생각할 수 있을 것 같았다. 그때까지는 오로지 침묵하고 싶고, 가능하다면 죽을 때까지 비밀로 하면서 잊고 살려고 애썼다. 윤아에게 무슨 일이 있었던 걸까?

윤아는 지난해 여름방학 때 동아리 연합회에서 만난 남자친구와 사랑을 나누었다. 그녀에게는 첫 연애였다. '행복이란 게, 사랑받는다는 게 이런 것이구나.'하고 느낄 만큼 좋았다. 그러나 보수적인 집안 환경과 그녀 스스로도 '나는 모범적이고 요즘 아이들처럼 멋대로 행동하지 않는다'고 생각했기에 조용히 연애를 했다. 그녀의 부모님은 딸이 연애하는 줄은 알았지만, 시시콜콜 단속하려 들지 않았다.

윤아는 그동안에 있었던 일을 일기장에 낱낱이 써놓았다. 부모님에게는 학과 엠티, 동아리 엠티 등으로 거짓말을 하고 남자친구와 여행 다닌 이야기며, 남자친구와의 잠자리 이야기까지 적어놓았다. 거기까지는 좋았다.

윤아가 생각할 때마다 눈물이 나고 엄마에게 자꾸만 미안해하는 일은 불과 두 달 전의 일이었다. 그녀는 영화나 드라마에서 본 일이 자신에게 일어날 줄 몰랐다. 임신한 사실을 안 후 남자친구와 다투었고, 결국에는 아이를 지우기로 결정했다. 남자친구가 마련한 돈으로 병원에 함께 갔으며, 수술 후 남자친구와 끊임없이 다투면서 힘들었던 이야기, 그 때문에 결국 헤어진 과정 등을 모두 일기장에 적어놓았다.

일기장에는 그간의 마음고생과 스스로도 용서할 수 없었던 자신에 대한 모순된 감정, 엄마에게 평생 씻지 못할 너무나 큰 죄를

지었다는 심정, 밑바닥까지 떨어져 도저히 회복될 것 같지 않은 자존감 등이 얽혀서 어쩐지 정신이 나간 사람처럼 다녔던 기록까지 모두 담겨있었다.

마음의 상처를 숨기지 말자

삶에서 너무나 커다란 상처를 받았을 때 어떻게 하는가? 혼자서 도저히 감당할 수 없는데, 가족이나 절친, 연인에게조차 말할 수 없는 아픔이 있다면 어떻게 하는가?

먼저 '자기 자신'에게 털어놓는 것이 필요하다. 부정적 경험과 나의 잘못, 부족한 점 등 숨기고 싶은 과거를 떠올리고 풀어놓아야 한다. 자신의 이야기를 솔직하게 써내려가는 시간을 갖는 것 자체가 힐링이다. 남들 앞에서 어떤 모습으로 보이기 위해서가 아니라 진짜 내 자신을 볼 수 있는 소중하고 효과적인 심리치료의 하나가 될 수 있다. 그 과정에서 남들한테는 물론 내 자신에게도 끝없이 거짓말을 하고 그것들을 덮으려고 안간힘을 써왔다는 사실을 발견할 수 있을 것이다.

어떤 의미에서 고백은 벌거벗음과 관계가 있어 보인다. 의복과 형식으로 치장한 우리 존재의 지저분한 민낯을 드러내는 행동이다. 하지만 민낯을 드러내는 것을 수치로 받아들이면 곤란하다. 오히려 누추한 부분을 숨기느라 꽁꽁 싸매던 수고로움을 제거하는 행동이니까 말이다. 그리고 자신의 것이지만 홀대받은 몸을 드러내는 행위니까 말이다. 그러므로 고백은 소박한 벌거벗음이다.

"난 수능에 세 번이나 실패했다. 남들에게 계속 이유를 붙여가며, 때로는 학교 이름을 숨기며, 스스로를 합리화해가며 그 사실을 감추어왔다. 그런데 지금 이렇게 수능에 세 번 실패했다고 쓰고 나니 아무것도 아닌 일 같다. 그저 내가 살아가는 삶의 이야기 중 하나일 뿐이라는 생각도 들면서 좀 덤덤해졌다."

"내가 다닌 학교의 등록금은 손가락에 꼽힐 정도로 높은 편이다. 부모님은 노후자금까지 포기하면서 나에게 '투자'를 하셨다. 그런데 나는 공부도 제대로 안 하고 내 본능적 욕구에 빠져서 그 돈을 다 까먹었다. 부모님은 이런 사실을 아셨는데도 나를 원망하지 않으셨다. 오히려 더 많이 사랑해주시고 보듬어주셨다. 이런 부모님이 곁에 있는 한 내가 어찌 나쁜 생각을 할 수 있겠으며, 지금보다 더 바닥으로 떨어질 수 있을까?"

감히 입 밖으로 꺼내지 않았던 자신의 수치스러운 부분을 일기장에 써보라. 일기를 써보면 가슴이 열리는 느낌을 받는다. 활자로 적힌 내 마음을 들여다보면 그런 부분은 나만의 아픔이 아니라 누구나 겪을 수 있는 고통이며, 어떻게 해서든 그것을 극복하고 싶다는 바람이 느껴질 것이다.

자기표현은 자존감과 관계한다. 많이 표현하는 자는 자존감이 높으며, 적게 표현하거나 표현 자체를 하지 않으면 자존감이 낮아진다. 말이나 글로도 일상을 표현하는 능력을 키워야 한다.

유명한 사람만 자서전을 쓰는 것이 아니다. 평범한 사람도 '나만의 자서전'을 쓸 수 있다. 사실 자서전이라고 하면 유명한 사람들의 일대기를 다룬 전기물로만 생각하는 경향이 있는데, 평범한 우리들에게도 '나만의 인생'을 기록한다는 것은 꽤나 의미 있는 일이다.

자서전을 쓴다는 것은 이야기 속으로 들어간다는 의미다. 자기 자신에게 귀를 기울이고, 지금의 위치를 점검하고, 앞으로의 목표를 설정하는 좋은 계기가 된다. 이런 과정을 거쳤다면, 가능하다면 그 다음에는 누군가에게도 털어놓자. 혼자서도 자신을 치유할 수 있지만 가까운 누군가의 도움을 받는다면 치유의 정도를 훨씬 깊어진다.

힘든 자신을 감추기 위해서 무언가로 도피하거나 괜찮은 척 숨기지 말고 자신의 이야기를 한번 들어보자. 남들 보기에 멀쩡한 척하면서 자신의 감정을 억압한다면, 스스로의 기억을 왜곡하면서 대인관계에서도 적절한 대처 능력을 점점 잃어버릴 수 있다.

윤아의 경우는 일기장 사건을 계기로 완전히 달라졌다. 물론 그녀의 의도와는 다르게 어머니가 갑작스럽게 알게 된 것이고, 스스로 밝히기 싫은 이야기가 갑자기 공개되어서 큰 공포감과 수치심을 느꼈지만, 그녀는 이 일을 계기로 엄마와의 관계가 더 좋아졌고 자신을 미워하는 감정에서 헤어 나올 수 있었다.

"저 자신보다 저를 더 많이 사랑해주시는 엄마가 있다는 사실에 감사하게 되었어요. 엄마는 제가 얼마나 실망스러운 행동을 했는지에 대한 말씀은 하나도 하지 않으셨죠. 제가 힘들었다는 사실에 더 힘들어하셨어요. 요즘도 문득문득 이유를 알 수 없이 눈물이 날 때가 많지만, 이제 용기를 내어 저 자신을 많이 사랑해줘야겠다고 생각해요."

떠올리기 싫은, 그래서 잊으려고 노력하던 기억들을 하나하나 꺼내어 깊게 생각해보는 일은 힘들 수밖에 없다. 더군다나 아직 온전히 회복되지 않은 감정들이 생생하게 올라오기도 한다. 이때 눈물이 부쩍 많아지는 자신을 발견할 수도 있고, 내버려두라고 위로 따윈 필요 없다고 저항하는 마음도 치솟을 수도 있다.

이렇듯 처음 털어놓기를 할 때는 부정적 감정에 많이 시달릴 수 있지만, 감정이 해소되고 나면 그 사건의 의미가 보이고 자신을 용서하기 시작한다. 이러한 과정을 '놓아주기'라고 한다.

놓아주기를 계속하면 어떻게 될까? 결국은 자신을 사랑하는 힘을 얻게 된다. 여전히 나는 사랑받을 만하며, 힘들게만 느껴졌던 그 일 역시 내 성장을 위해 필요했던 일임을 알 수 있게 된다. 또한 자신을 오랫동안 사로잡고 있던 우울함 역시 서서히 사라지게 된다.

과거의 고통스런 사건과 직면하면서 감정들을 하나하나 놓아주자. 일기 쓰기를 통해서든 혼자만의 생각을 통해서든 자신을 충분히 이해하는 시간을 갖자. 그런 다음 자신에 대한 이해가 더 생겼다면 가족이나 친구와 힘든 점을 나누어보자. 상황이 달라지지도 않고 위로가 될 거라고 기대하지 않더라도 슬픔을 공유하는 것만으로도 행복감과 안정감을 느낄 수 있으니까. 자신이 혼자가 아니라는 사실을, 함께 기뻐하고 슬퍼해주는 사람들이 있다는 사실을 깨닫게 된다면 무엇보다 다시 나를 사랑할 용기를 얻을 수 있을 것이다.

불확실한 미래와
부모님의 희생 사이에서

취업준비생들이 겪는 스트레스 지수에 빨간불이 켜졌다. 만 19~ 29세 청년의 스트레스 인지율은 35.7퍼센트(2018년 기준)로 모든 연령대 중 가장 높았다. 굳이 통계를 들먹이지 않아도 주변에서 우울감에 빠져있는 취업준비생들을 쉽게 만날 수 있다. 그들은 겉으로는 멀쩡해 보이지만 무기력증, 자기비하, 체중 변화, 생기 저하, 피로감, 수면장애(불면증, 과다수면), 소화불량, 두통, 면역력 저하 등을 호소하고 있다. 마음의 병이 몸으로도 나타나고 있는 것이다.

실패에 대한 불안감, 미래에 대한 초조함, 경제력 무능, 다른 사람과의 비교의식 등은 청년 우울증의 대표적인 원인이다. 그런데 이러한 결과의 가장 근본적인 원인은 가족이라고 할 수 있다.

수연이는 회계사 시험에 낙방하고 얼마 지나지 않아 좋지 않은 일들을 한꺼번에 몰아치듯 겪었다. 무엇보다도 아버지의 일이 잘 풀리지 않아 집안 자체가 휘청거렸고, 이 때문에 집의 분위기도 매우 어둡고 어수선해졌다. 부모님이 돈 때문에 다투는 날이 잦아지자 모든 것이 자신의 탓 같아서 집에 들어가기가 싫었다.

무조건 환경을 탓할 수는 없지만 집안 사정 때문에 공부에 집중도 잘 안 됐다. 다음 시험을 앞둔 6개월간은 하루하루 피를 말렸다. 도망갈 수도 없고 이미 자신감을 잃을 대로 잃어서 마음을 다잡기도 힘들었다. 굳은 의지로 초집중력을 발휘해도 합격하기 어려운 시험인데, 이토록 불안하고 자신감 없이 도전하면 결과가 좋지 않을 거란 생각에 밤마다 쫓기는 꿈을 꾸었다.

초조하게 하는 공부가 잘될 리도 만무한데, 그 와중에 어이없는 실수까지 하고 말았다. 시험 응시 자격 가운데 하나인 일정 수준의 토익 점수 마련을 잊어버린 것이다. 차일피일 미루다 토익 응시 기간을 놓치고 말아서였다. 결국 6개월간 다시 준비해온 시험을 볼 수조차 없게 되었다.

어떻게 이런 황당한 실수를 저지를 수 있었을까? 아무리 좋게 생각하려고 해도 자신을 용서할 수 없었다. 힘들게 뒷바라지를 해주신 부모님을 실망시켰다는 죄책감과 아직도 정신을 차리지 못한 자신이 한심해서 견딜 수가 없었다.

자신의 심경을 털어놓을 사람이 필요했다. 소꿉친구이자 절친인 친구를 만났지만, 정말 가슴 밑바닥에 있는 속내는 입 밖으로 나오지 않았다. 평소에 집안 사정을 속속들이 다 아는 가족과 다름없는 친구였는데도 말이다.

그 친구와는 늘 크고 작은 일을 나누어왔고 서로에게 힘이 되어주고 있었다. 지금까지 겪은 많은 일을 그 친구에게 털어놓고 서로를 위로해왔는데, 정작 진짜 바닥상태인 지금의 막막함에 대해서는 아무 말도 할 수 없었던 것이다.

수연이는 지금까지 취업준비에 따른 불안감과 경제적 어려움만은 친구에게 말하기 싫어했다. 그 친구를 못 믿어서가 아니었다. 아무리 가까운 친구에게도 시험에 떨어질 것 같아 불안하다거나 집에 돈이 없어서 너무 괴롭다는 말은 부끄러워 차마 할 수가 없었다. 그 문제에 관해서라면 정신과 의사에게는 털어놓을지언정 친구에게는 한마디도 하기 싫었던 것이다.

어쩌면 그것은 자기 자신을 지키는 최소한의 자존심이었는지도 모른다. 하루하루 직접 피부로 느끼는 경제적 어려움은 너무나 비참했고, 시험에 떨어지고 취업도 되지 않을 것 같은 두려움은 자신을 점점 자신 속에 가두게 했다.

겨우 택한 방법은 자신에게 위로를 보내는 것이었다. "괜찮다, 괜찮다, 다 괜찮다"를 하루에 수백 번은 더 외쳤다. 그런 게 전혀 위로가 되지 않았지만 다른 방법이 없었다. 시간이 지날수록 자신을 온전히 사랑하지 않는 자신이 더 싫었고, 자꾸만 자신을 숨기며 사는 것이 가증스러웠다.

마음이 아픈 것보다 더 힘든 것은 그 아픔을 표현할 사람이나 방법이 없을 때다. 취업준비와 경제력에 대한 불안감에 대해서는 요즘 청춘들 사이에서는 아무리 친한 친구 간에도 서로 묻지 않는 것이 어느새 불문율이 되었다.

부모 세대와 달리 그들은 친구끼리 어릴 때부터 서로 경쟁하며 자랐다. 그래서 그렇게 생각하지 않으려고 해도 무슨 일이든 자연스럽게 서로를 비교하게 된다. 이런 분위기 속에서 자신이 경쟁력 없는 무능한 자임을 알리는 것은 엄청난 용기가 필요한 일이다.

그나마 가족에게 그 사실을 털어놓으면 좋은데, 그마저도 쉽지 않다. 부모로서는 자식을 위해 죽어라고 돈 버느라 자식이 어떤 상태인지 돌아볼 여유가 없다. 부모에게 보답하지 못해서 자책하고 현실에서 도망가고 싶은 자녀의 마음은 오롯이 자녀 자신의 몫이 된다.

만약 자녀가 이런 심정을 토로하더라도 부모 세대로서는 전혀 공감할 수가 없다. 자신들에게는 배고픔을 해결하는 것이 최상의 과제였고, 공부를 하고 싶어도 돈이 없어 하지 못했기 때문이다.

그래서 자신들의 20대 시절보다 훨씬 나은 환경에 있는 지금 20대의 자녀들이 왜 불만을 느끼는지 이해할 수 없을 것이다. 출세에 대한 압박감이나 또래 친구들과의 교육 환경 비교 때문에 겪는 좌절감 등은 상상조차 하기 힘들다.

오히려 부모들은 자식 뒷바라지를 하느라 자기 몸이 아파서 더

걱정이다. 그럼에도 돈 걱정이 앞서서 병원에도 가지 않는다. 부모가 아프다고 하면 자식은 왜 그렇게 사시냐고, 당장 병원 가시라고 소리치지만 말이다. 그러나 부모가 "돈 때문에 못 간다"고 대답하면 자녀로서는 더 말을 잇지 못한다. 그 돈은 자신의 뒷바라지에 들어가는 돈이기 때문이다.

자녀 입장에서는 얼른 취직을 해서 그 돈을 다 갚고 싶지만 당장 그렇게 하지 못하는 자신과 현실이 원망스럽다. 자기 뒷바라지를 하느라 아픈 부모 앞에서 자기 마음이 괴롭다고 하면 "배부른 소리 한다!"는 핀잔을 들어도 마땅하기에 자신의 심적 고통에 대해서는 그저 침묵할 뿐이다.

어느덧 20대 자녀가 있는 대부분의 가정이 종합병원이 되고 말았다. 젊은 자식은 청춘이라 마음이 아프고, 나이든 부모는 자식 뒷바라지 하느라 몸이 아프다. 그러나 서로 태연한 척, 안 아픈 척하며 산다.

실제 한 어머니의 이야기다. 그녀는 넉넉지 않은 살림살이에 허리띠를 졸라매며 어렵사리 두 아이를 대학에 보내고 있다. 일을 많이 하다 보니 감기에 자주 걸리는데, 겨울이 되자 부쩍 기침이 잦아졌다.

감기인줄 알고 대수롭지 않게 생각하고서 감기약만 달고 산 지 1년째, 감기가 너무 오래 가는 것이 이상하다는 가족과 주변 사람의 말에 못이겨 대학병원을 찾았다. 청천벽력 같은 사형선고가 내려졌다. 폐암 말기라는 진단을 받은 것이다.

그녀는 수술조차 할 수 없다는 의사의 진단을 받고 아무 치료도 받지 못한 채 6개월 만에 세상을 떠나고 말았다. 그 자녀들에게 남겨진 마음의 상처와 아픔을 감히 어떻게 헤아릴 수 있을까?

극단적인 예이지만 부모의 희생은 지금 자녀들에게 매우 큰 삶의 무게를 안겨주고 있다. 자녀들은 부모에 대한 죄책감에 계속 시달리면서 말할 수 없는 우울함에 젖어있다. 대학에만 들어가면 한동안 죄책감에 시달리고 방황하며 술, 담배로 허송세월을 보내게 되는 일이 어찌 남의 일이겠는가?

어쩌다가 부모의 희생을 부모는 '사랑'이라 부르고, 자식은 그것을 '부담'이라 부르게 되었을까. 누구의 잘잘못인지 따지기 전에 자식으로서 어떻게 할 것인가를 당신 자신에게 물어보자.

느끼는 그대로의 사랑을 당장 표현하기

부모와 자식에게는 서로의 입장 차이가 있고, 성장한 문화적 환경도 다르다. 갈등이 생길 수밖에 없다. 갈등은 대화로 해결해야 한다고 우리는 늘 배워왔다. 하지만 마음을 열고 대화를 하는 것은 정말 쉽지 않은 일이다. 어쩌면 그것이 힘들어서 서로 침묵하다 보니 서로에 대한 섭섭함과 부담감만 키웠을지도 모른다.

머리로는 '공부 열심히 해서 부모님에게 보답해야지.' 하지만 당장에 공부와는 먼 행동을 하는 자신을 볼 때마다 너무나 한심할 것이다. 열심히 살지 않는 자신에 대한 실망이 부모에 대한 죄책감으로 이어지고, 그 기간이 수년째 계속되는 경우도 많다.

본질을 들여다보자. 부담감과 미안함은 왜 생기는가? 그것은 부모님에 대한 사랑에서 비롯된다. 사랑하지 않는다면 부담스럽고 미안할 일이 크게 있을까? 본질은 부채감도 아니요, 의무감도 아닌 '사랑'이다.

자신을 일으켜 세울 수 있는 것은 결국 '사랑'이다. 그 본질을 잊어버리고 부담감이나 죄책감, 경제적 무능 같은 표면만 보게 되니 마음만 무거워지고 자꾸만 도피하고 싶은 것이다. 마음속 사랑을 다시 일깨운다면 같은 하루를 살더라도 그 깊이와 실천력이 달라질 수 있다.

세상에서 가장 먼 거리가 '머리에서 가슴까지'라고 하지 않던가. 머리로 잘 아는 것을 가슴으로 공감하고 행동으로 실천하는 데까지 심리적 거리가 있다는 뜻이다.

그런데 성공하는 사람일수록 그 거리가 짧다. 그들은 알면 바로 행동한다. 사랑하고 싶으면 사랑하고, 여행을 떠나고 싶으면 떠난다. 길 위에서 새로운 길, 새로운 사람, 새로운 일을 만나고, 세계는 넓고 할 일은 많다는 것을 깨달으며 살아간다. 또한 새로운 창의적인 방법으로 삶의 문제를 해결한다.

사람에게 다리가 있는 이유를 생각해보자. 아마도 상대방에게

다가가라는 의미가 아닐까? 튼튼한 두 다리로 세상에서 제일 멀다는 머리와 가슴의 거리를 좁히는 실천이 꼭 필요하다.

부모님의 사랑을 진정으로 알고 가슴으로 느끼고 표현하고 싶은가? 그렇다면 그렇게 하자. 겉으로는 멀쩡한 척하고 속으로는 자학하면서, 그러면서 태도나 평소 행동을 전혀 바꾸지도 않고 그럭저럭 살지는 말자.

부모님에게 부담감이나 서운함을 느낀다고 좌절하고 도망가지 말고, 이를 딛고 일어나는 존재가 되자. 젊은 가슴에는 고난을 뚫고 나아가는 힘이 충분히 있다. 그 난관과 싸우면서 만들어지는 행로가 결국 자기 인생의 길이 된다는 것을 명심하자.

비교의 끝은
마음의 지옥뿐

내게 상담을 청한 정빈이는 자신감과 자존감이 없고 매사에 부정적인 사람이라고 자신을 소개했다. 그는 요새 부쩍 악몽을 꾸며, 일어나면 다시 악몽 같은 현실과 마주해야 한다는 사실에 괴롭다고 했다. 가족과 주위 친구들 또한 이런 자신의 부정적인 모습을 받아주느라 버거워한다고도 덧붙였다.

디자인을 전공하는 정빈이는 자기보다 그림을 더 잘 그리거나 다른 능력을 가진 사람들을 보면 자신이 너무나 초라하다고 느꼈다. 남과 비교하지 말자고 계속 되뇌어도 소용이 없었다. 잘난 사람을 보면 기분이 급격하게 우울해지고 그나마 해오던 일에 대한 의욕마저 잃어버리곤 했다. 항상 삶이 허무하게 느껴졌고 공부에 대한 열정 또한 없어진 지 오래되었다. 어느덧 몸만 숨을 쉬고 살아갈 뿐 정신은 죽은 것 같았다.

하지만 정빈이가 말한 자기소개와는 반대로 정빈이는 소위 말하는 '스펙'이 좋았다. 명문대 디자인과를 다니고 있으며, 부모님도 전문직 종사자였다. 또한 남부러울 것 없는 외모를 갖고 있었고, 옷차림도 매우 훌륭했다.

자신을 둘러싸거나 이미 가진 것들이 남들이 가지고 싶어하는, 남들이 부러워하는 것임에도, 그는 그런 것들에 대해서는 당연하게 생각할 뿐 가치를 두지 않았다. 오히려 자기 주변의 유학파 친구들이나 더 잘사는 친구들과 비교하며 상대적으로 자신의 보잘 것 없는 환경과 천재적인 재능이 없는 것을 속상해했다.

더 안타까운 것은 정빈이는 남들이 가진 것을 단지 부러워만 하는 것이 아니라 그 상대를 무슨 핑계를 대서라도 깎아내리거나 비하해야 직성이 풀렸다는 점이다. 한참 활기차야 할 나이에 자신을 비롯한 세상마저 한껏 삐딱하게 바라보면서 말이다.

정빈이에게 그의 조건도 매우 괜찮은 편이고, 더 못한 친구들을 생각하라는 식의 말은 해줄 필요가 없었다. 비교라는 것 자체는 매우 상대적이고 주관적으로 일어난다. 객관적인 또는 남이 보기에 네가 어떠하다는 것은 전혀 중요하지 않기 때문이다.

왜 인간은 끊임없이 자신을 다른 사람과 비교하려는 마음을 가질까? 확신이 없을 때 상대방을 통하여 확인하고 싶어하는 본능 때문이 아닐까?

우리는 외모, 신체적 특성, 경제력 등에 대하여 자기도 모르게 다른 사람의 것과 비교하면서 자신에 대한 개념을 만들고 자기 자신을 평가한다.

그럼 비교 속에 숨겨진 의미를 보자. 비교는 내가 상대방보다 못하다는 것을 직감했기 때문에 발생한다. 그때야말로 '비교'라는 녀석이 설치기 시작할 때다. 나보다 잘난 사람과 비교하려는 것이지 나보다 못하다고 생각되는 사람과는 비교 자체를 하지 않는다. 결국 비교했을 때 돌아오는 결론은 내가 그 상대방보다 못하다는 사실뿐이다.

잘 나가는 사람은 자신을 다른 사람과 굳이 비교하려는 생각 자체를 하지 않는다. 자신감이 충만한 사람들은 자신을 상대방을 비교하면서까지 내가 어느 정도에 속하는지 그 자체를 확인받거나 경쟁하지 않는다. 명품 핸드백을 면세점에서 정식으로 구입했다면 정품이기에 굳이 이것이 정품인지 아닌지를 알아보려는 생각 자체를 하지 않듯이 말이다. 그러나 다른 경로로 산 사람은 정품과 짝퉁의 차이를 찾아보며 이를 구별하기 위해 안간힘을 쓴다.

옆에서 지켜보면 쓸데없는 일에 에너지를 소비하는 것 같지만, 자기 자신이 인정받지 못한다고 느낄수록 하나에서 열까지 모든 것 자체를 비교한다. 그럴수록 초라하고 비참한 자기비하 속에 더욱 깊이 빠져드는데도 말이다.

비교의 늪에 빠진 사람은 내 것보다 더 좋은 명품을 가진 사람을 보면 갑자기 자기가 가진 것이 전혀 무가치하다고 느끼며, 너무 비싼 것을 가졌다고 비아냥거린다. 더 좋은 것을 가졌다고 인정하고 넘어가면 될 것을 굳이 자신을 망가뜨리거나 남을 짓밟거나 하는 것이다. 즉, '삽질'을 해대는 것이다.

나보다 잘난 사람을 만났을 때, '비교'라는 녀석에게 휘둘려 씁쓸한 결론을 내리고 자괴감에 빠져 자존감을 잃는 악순환에서 벗어나기 위해서는 사실 그대로를 쿨하게 인정해야 한다. 그가 더 잘났음을 인정하고 나는 그 사람보다 못하다는 것을 받아들여야 한다.

'너 돈 많구나! 그래 나보다 많구나', '너 잘생겼다? 그래 나보다 잘생겼네', '너 좋은 대학 다니는구나? 그래 내가 다니는 대학보다 이름값 있는 곳이구나.' 하면서 인정하고 그 생각을 흘려보내야 한다.

그렇게 하면 비교해서 돌아오는 감정적 두려움에 다치지도 않고, '비교하지 말아야지' 하면서 자신을 압박하지도 않게 된다. 이 과정은 체념과는 달라서 인정하는 순간 마음의 집착이 훨씬 옅어지면서도 자신을 자괴감 쪽으로 몰고 가지도 않는다.

체면을 걸어봐. 긍정의 마법을!
전 세계적 베스트셀러인 조엘 오스틴의 《긍정의 힘》에는 "부정적인 사람들은 악몽에서 깨어나 악몽 같은 하루를 살아가며, 주위 사람들에게 부정적인 시선을 보내면서 별 것 아닌 일을 부풀려 자신을 불쌍하게 만들며 살아간다"는 내용이 나온다.

물론 누구나 자존감과 자신감을 갖고 싶고, 긍정적으로 살아가고 싶다. 남들과 비교나 하면서 부정적으로 살고 싶은 사람은 없을 것이다.

우리는 자기 자신이라는 빈잔에 무엇인가를 채워 넣는 행동을 반복하며 살아가고 있다. 부정적 감정에 휩싸이면 자신이 너무 나약하다고 느껴지며, 괜히 화가 나고 억울해진다. 아무것에도 제대로 도전해보지도 않았으면서 패배자처럼 표정을 짓게 된다.

나라는 빈잔에 부정을 채울 것인지, 긍정을 채울 것인지 스스로 고민해보아야 한다. 나는 잘하는 것도 있고 못하는 것도 있다. 자신 있는 것도 있고 부끄러운 것도 있다. 굳이 자신감 없고 부끄러운 것을 내세워 "난 못해요!"라고 울부짖으며 자괴감에 빠질 이유가 있는가?

자기가 제일 잘할 수 있고, 하고 싶어 하는 일을 하기에도 인생은 너무 짧다. 잘하는 것을 해도 실수하고 때로는 실패하는데, 굳이 제일 못하고 제일 하기 싫은 것으로 자신을 평가할 필요가 있을까? 자기 자신을 인정하는 것, 타고난 것에 대하여 부정적으로 생각하지 않는 자세, 그것이 자기 자신을 만들어가는 시작점이 될 수 있다.

2년째 매일 아침마다 "나는 긍정적인 사람입니다!"라는 문구를 외치고 있는 한 학생이 있다. 그는 자신이 매우 부정적인 사람이 었는데 이 방법을 한 달, 두 달, 1년을 넘게 자신을 응원했더니 긍정적으로 바뀌었다는 경험담을 들려주었다.

혹시 지금 자신을 연민하면서 온통 부정적인 생각들을 가득 떠올리고 있지는 않은가? 그것은 자신의 앞길을 가로막는 것과 같다. 당신이 아직 젊다면 내세울 것이 없는 것이 아직은 당연하다. 고작 스물 몇 살에 돈을 벌었다고 하더라도 얼마를 벌어봤을 것이며, 여러 경험을 쌓았다고 해도 얼마나 쌓았을 것인가? 젊음은 성취의 결과물을 논하기에는 너무나 이르다.

어쩌면 청춘이 내세울 만한 것은 '청춘 자체'밖에 없을지도 모른다. 당당하게 자신을 만들어갈 시간과 힘, 자신도 미처 알지 못하는 무궁무진한 잠재력을 생각해보라. 자신이 가치 있는 사람이라는 것을 믿어야 한다. 믿음을 이해하는 사람만이 가치를 실천할 수 있기 때문이다.

아슬아슬한 현실의 삶을 무엇으로 채울지 결정하는 것은 '나'이다. 부족한 점이 많더라도 기죽지 않고 긍정적으로 살면, 어느덧 아름다운 자신이 되어가는 것을 발견하게 될 것이다. 보잘 것 없는 부분이 있다면 덧붙이고, 모가 났다면 깎고 보완하면서 '인생'이라는 작품을 완성해가자. 나는 '나'라는 작품을 가장 잘 만들 수 있는 사람이니까.

외모지상주의
걷어차기

한 설문조사 기관에서 20~30대를 대상으로 자신의 외모에 대한 만족도를 물었다. 결과는 남성 응답자의 34퍼센트가 자신의 외모를 '잘생겼다'고 평가한 반면에 여성 응답자의 경우 28퍼센트만이 자신의 외모가 '예쁘다'고 평가하였다. 이는 자기만족의 차원에서 외모도 주요 경쟁력이며 그래서 외모 관리가 필수인데다가, 외모로 평가를 내리는 사회 경향 때문이다.

이렇듯 여성들은 외모 콤플렉스에 빠질 확률이 높다. 더구나 외모 콤플렉스로 자신감 상실부터 심하게는 섭식장애와 우울증까지 걸릴 수 있어 더 위험하다.

"또래 친구들보다 키와 덩치가 커서 담임선생님이 키 순서대로 줄을 세우실 때면 전 늘 맨 뒤에 서야 했고 짝이 없었어요. 초등학교 6년 내내 그랬죠. 어린 마음에 짝이 없다는 것 때문에 너무 외로웠고 소외감도 많이 느꼈어요. 조금이라도 키가 작게 보이려고 늘 어깨를 수그리고 다녔는데 아직도 자세를 웅크리고 다니는 버릇이 남아있어요."

윤서는 어릴 때부터 덩치가 컸고, 그것이 너무 싫었다. 초등학생 때 반 친구들이 언젠가부터 그녀를 '킹콩'이라고 불렀다. 그때부터 대인관계에 문제가 생겼다. 그녀는 '킹콩'이라고 불릴까봐 늘 두려웠고, 외모 말고 다른 것으로 주목을 받고 싶어서 집이 잘사는 척 가장했다. 그러나 엉뚱한 거짓말이 이어지고, 그것이 들통날까봐 마음이 너무 조마조마해서 견디기 힘들었다. 그러다 나중에 친구들 사이에서 거짓말쟁이라고 소문이 났고, 결국 왕따를 당했다. 그 상처는 치유되지 않은 채 고스란히 그녀의 성격에 영향을 미쳤다.

중학생이 된 윤서는 공부에 완벽주의적인 노력을 기울였다. 교과서의 본문을 통째로 암기하지 않으면 불안해서 잠을 이루지 못했다. 성적이 기대한 대로 잘 나오면 혼자였던 시간을 보상받기라도 한 것 같았고, 그렇지 못하면 자책하고 원망했다. 공부에 더 매달릴수록 성격이 점점 폐쇄적으로 변해갔지만 상관하지 않았다.

외모에 대한 열등감을 공부로 보상받으려는 심리는 성적이 오르면서 대단한 성취감을 주었다. 원하는 대학에 입학했을 때에는 모든 것을 성취했다는 느낌에 빠지기도 했다. 그러나 대학생활 중에 잊고 싶었던 외모에 대한 열등감을 또다시 만나야 했다.

우연히 엠티에서 남자동기들끼리 자신의 덩치를 놀리는 농담을 하는 것을 들었다. 뿌리 깊은 상처가 다시 수면 위로 떠올랐고 엄청난 우울감에 빠졌다. 그녀를 일으켜 세운 것은 지독한 다이어트였다. 여름방학을 전후로 무려 20킬로그램을 빼버렸다. 독하게 했던 공부처럼 다이어트 역시 '누군가에게 보여주기 위해, 이기기 위해' 시작되었고, 무조건 안 먹고 미친 듯이 운동을 하면서 몸을 희생시켰다.

나중에는 호르몬 이상이 와서 치료를 받아야 하는 지경에 이르렀지만, 아픈 것보다 뚱뚱해서 소외받는 것이 더 싫었기에 죽음의 다이어트는 계속되었다. 머리로는 내 몸을 살리고 아름답게 하는 다이어트를 해야 한다고 생각했지만, 막상 행동은 더 빨리 살이 빠지도록, 친구들보다 더 날씬해지도록 자신을 몰아붙였다.

이런 태도는 다이어트에 지나치게 집착하게 만들었고, 이 때문에 학업을 소홀히 하게 되었다. 성적이 나빠지자 그 스트레스를 먹는 것으로 다시 풀게 되었다. 다시 살이 찌고, 다이어트하고, 성적이 떨어지고, 먹으면서 살이 찌는 악순환이 반복되었다.

싱싱한 좋은 말을 더 깊고 오래 새기기

어릴 적 목소리가 남자 목소리 같다고 놀림을 받은 이후 남들 앞에서 노래를 절대 부르지 않는 친구를 본 적이 있다. 이미 주위 사람들이 목소리를 다 아는데 뭐가 두려울까 싶었지만, 그 친구는 노래방에 갈 때마다 사람들이 부르라는 요구에 절대 흔들리지 않았다.

짓궂은 사람이 줄기차게 권하니 급기야는 눈물까지 흘렸다. '내가 또 분위기를 망쳤구나', '너무나 창피하다', '이래서 내가 노래방에 오지 않겠다고 했는데' 등등 원망과 속상함이 섞인 눈물이었다. 노래 부르는 것이 뭐 대단한 문제일까 싶지만 그 친구에게는 지난날의 상처를 건드리는, 매우 하기 싫은 일 가운데 하나였다.

외모에 대한 열등감 이야기를 하면 모두 어린 시절에 외모 때문에 놀림을 받았던 기억부터 떠올린다. 외모의 개성이 곧바로 별명이 되어버린 초등학생 때 받은 외모에 대한 부정적 피드백은 평생 열등감이 되어 자신을 따라다닌다.

2013 깐느 국제광고제에서 그랑프리를 수상한 도브Dove의 광고는 이런 외모에 대한 열등감에 대해서 감동적인 결론을 도출한다. 광고의 내용은 이렇다. 여러 명의 여성이 각각 미리 화가에게 부탁해서 자신의 초상화를 그리게 한다. 그리고 그녀들의 얼굴을 가린 채 몽타주 전문가에게 자신들의 외모를 말로 설명해서 그리게 한다.

나중에 두 초상화를 비교하는 여성들은 눈물을 흘린다. 그녀들을 보고 그렸던 화가의 초상화와 그녀 자신들의 설명으로 그려진 초상화는 너무 달랐기 때문이다. 모두 실제보다 자신을 형편없이, 자기가 콤플렉스를 가진 부위를 과장해서 설명했기에 몽타주 전문가에 의해서 그려진 초상화는 실제보다 너무 못생긴 얼굴을 하고 있었던 것이다.

"너는 네 생각보다 훨씬 멋져"라는 말을 진심으로 들은 적이 있는가? 만약 소중한 사람에게서 그런 말을 들은 경험이 있다면 외모에 대한 콤플렉스는 더 이상 부정적인 힘을 발휘하지 못할 것이다.

윤서와 상담하면서 그녀에게 외모에 대한 열등감의 실체를 자세히 들여다보게 했다. 외모에 대한 열등감으로 윤서 자신이 얼마나 상처를 받았는지와 관련해 자신부터 위로하게 했다. 그리고 마음이 아팠음에도 스스로를 포기하지 않고 실력을 키우고 적극적으로 행동한 점을 칭찬해주었다.

이제 이 열등감으로 어떻게 자신을 성장시킬 것인지, 자신의 성장에 방해가 되는 것은 무엇인지 윤서와 이야기했다. 주위 사람들의 좋은 평가를 무시하고 나쁜 평가를 확대해서 마음에 새기지는 않았는지, 그러면서 부정적인 생각의 고리를 계속 반복해서 돌리고 있는 것은 아닌지 돌아보게 했다. 열등감은 그 자체로 엄청난 부정적인 힘을 가지고 있기 때문이다. 열등감 때문에 자신을 비롯한 세상 전체를 나쁘게 바라볼 수도 있다.

"그래요, 교수님. 지금까지 누가 저에게 칭찬을 하면 곧이곧대로 듣지 않았어요. 저 사람이 뭐가 필요하기 때문에 나에게 예쁘다고 했을 거라고 생각했죠. 누군가가 내 이야기를 했다고 하면 다이어트 부작용 이야기를 했을 것 같아서 갑자기 우울해지곤 했어요."

뿌리 깊은 열등감은 원인을 알았다고 해서 단번에 사라지는 것이 아니다. 지금까지 받았던 상처를 헤아려주고 부정적인 마음을 하나하나 놓아버릴 때 집착과 상처의 악순환을 끊을 수 있다. 이런 과정을 제대로 거치면 열등감으로 진정한 성공의 동력을 만드는 단계에 돌입할 수 있다.

공자는 군자가 생각해야 할 9가지 일을 말했다. 이를 구사(九思)라고 하는데 "봄에 있어서는 밝음을 생각하고, 들음에 있어서는 총명함을 생각하고, 얼굴에 있어서는 따뜻함을 생각하고, 태도는 공손하기를 생각하고, 말에 있어서는 정성껏 할 것을 생각하고, 일에 있어서는 경건함을 생각하고, 의문 나는 것에 있어서는 물음을 생각하고, 분노에 있어서는 이성으로 억제할 것을 생각하고, 득봄에 있어서는 의로운 것인지를 생각하라"는 의미이다. 자존감은 여기에서 만들어지고 확산된다. 보고, 듣고, 생각하고, 표현하고, 행동함에 있어서 모르는 것을 아는 척하고, 쉽게 분노하고, 이해에 눈이 멀어서는 자존감을 세울 수가 없다.

"전 더 이상 다이어트에 집착하지 않고, 더 건강하고 더 아름다워지고 싶어요. 공부도 열심히 하고 싶고요."

　윤서처럼 자신을 사랑하기란 어려운 일이다. 거기에는 타인의 보증이 빠져있기 때문이다. 자칫 "분수를 모르는 사람"이라는 소리를 듣거나 "나르시시즘에 빠졌다"며 놀림을 당하게 될지도 모른다. 그렇기 때문에 역설적으로 자신을 사랑하는 데에는 무엇보다도 큰 용기가 필요하다.

　윤서도 자신의 상처를 진심으로 들여다보자 건강한 꿈, 진정으로 아름다워지려는 꿈을 꾸기 시작했다.

　'누구를 이기기 위해', '누군가에게 보여주기 위해' 꿈을 꾸는가? 상처를 보듬고 헤아려주는 긍정의 꿈을 꾸자. 당신은 당신 생각보다, 당신이 알고 있는 것보다, 당신 주변 사람이 알고 있는 것보다 훨씬 더 아름답다. 그리고 앞으로는 더욱더 아름다워질 수 있다. 두려움을 갖지 말고 건강하게 충분히 자신만의 고유한 아름다움을 추구해가길 바란다.

진정한
나다움을
찾아서

자기개념 없이
산다는 것은

시내버스 기사들의 한숨 섞인 토로를 들은 적이 있다. 언젠가부터 버스에 타면서 내릴 때까지 장시간 통화하는 젊은이들이 급증해서다. 특히 20~30대가 서너 명만 동시에 통화해도 차 안은 시장통으로 변해버린다.

'벨소리 대신 진동으로', '통화 시에는 용건만 간단히' 등의 휴대폰에 티켓 경고 문구가 곳곳에 붙어있지만 무용지물이다. 이에 대해 특별한 제재도 없으니 휴대폰 통화는 스스로의 도덕성에 달린 문제가 되었다.

공중도덕을 이야기할 때 흔히 "개념이 있네, 없네" 하면서 말들을 많이 한다. 이 말 속에는 "다른 사람을 배려할 줄 아는, 공공을 위한 의식이 있느냐?"는 질문이 들어있다. 복잡한 도시에 수많은 사람이 모여 살면서 자신도 모르게 개념 없는 행동을 하는 것을 경계하라는 뜻일 것이다.

우리는 흔히 사람들이 개념이 있고 없음을 도마 위에 올려 비판하기를 즐긴다. 그렇다면 자기 자신에게 개념이 있는지를 질문하고 사는가? 자신에 대한 개념은 곧 자아정체성을 가리킨다. 자아정체성은 자기 자신이 자신을 어떻게 생각하는지에 대한 매우 포괄적인 질문이다.

어쩌면 우리는 자신보다는 '저 인간은 도대체 왜 나를 이렇게 대하지?', '저 사람 마음에 들려면 어떻게 하면 될까?', '저 사람은 날 어떻게 생각할까?' 등등 다른 사람의 속마음을 더 알고 싶어한다.

그러나 잘 생각해보자. 내 마음도 잘 모를 때가 많은데 다른 사람의 마음을 어떻게 알 수 있을까? 그런 면에서 "내가 나를 모르는데, 난들 너를 알겠느냐!"라던 옛날 유행가 가사에 심리학이 말하는 중요한 주제 가 들어있는 것 같기도 하다.

명확한 자기개념의 소유, 행복이다

"당신은 누구입니까?"

이 질문에 답하기란 무척 어렵다. 바쁘게 살면서 이런 물음을 계속 잊고 살려고 애쓰기도 하고, 조숙했다면 청소년기에 이런 생각에 빠져들어 방황한 적도 있을 것이다. 실은 우리가 자신에 대해서 답하는 것은 쉽지 않다.

'나는 _____이다'로 20문장을 채운다면 무엇을 쓸 것인가?

이는 심리치료에서 많이 사용하는 질문지 중 하나이다. 20문장으로 자신이 누구인지에 대해서 써보는 것이다. 문장을 채우는 일이 생각보다 만만치 않다는 것을 느낄 것이다.

사람들은 대부분 자신의 사회적인 역할을 나타내는 '사람, 한국인, ○○시 거주, 누구의 아들, 대학생, 몇 살, 이름' 등의 객관적 정보를 먼저 나열한다. 그 다음에는 '내향적이고 친절하고 성실한 사람' 같은 자신의 성격적인 특징을 이야기한다.

이런 과정을 심리학 용어로 '자기개념'이라고 하는데, 자기 머릿속에 있는 자신에 대한 전체 모습을 그리는 일을 말한다. 자기개념은 소크라테스가 "너 자신을 알라"고 했던 한마디와《손자병법》에 나오는 "적을 알고 나를 알면 백전백승"이란 말로 자주 표현된다.

자기개념이 형성된다는 것은 무슨 뜻인가? 자신이 자기 자신을 어떻게 생각하고 바라보는지, 자기의 감정을 어떻게 표현하고, 어떻게 행동할 것인지를 안다는 말이다. 자기개념이 잘 형성되면 '나도 나를 모르겠고, 다른 사람도 어떻게 대해야 하는지 모르겠고, 이런 상황에서 어떻게 해야 하는 지 모르는 채로 사는 순간'이 훨씬 줄어들게 된다.

사람은 자기개념을 통해서 안정감을 느끼고 욕망을 추구하며 살아간다. 흔들리고 불안한 지금 그대로의 모습이 언제나 계속될 것 같지만, 자기개념이 제대로 형성되면 안정감을 느끼며 살아갈 수 있다. 얼마나 다행스러운 일인가! 그래서 젊은 시절에 방황하고 괴로워하며 자기개념을 재정립하려는 몸부림은 오히려 아름답다고 할 수 있다.

그렇다면 우리는 자기 자신에 대해서 얼마나 잘 알고 있을까? 흔히 사람들은 내가 아닌 다른 사람의 행동을 관찰하며 이러쿵저러쿵 말을 많이 하는데 비해, 정작 자신의 행동은 제대로 관찰하지 않는다. 자기 자신을 객관적으로 관찰하는 것은 매우 귀찮고 힘들기 때문이다.

당신은 마치 다른 사람인 척하는 자신의 행동 방식과 성격 등에 관해 관찰해본 적이 있는가? 그런 과정을 거치게 되면 미처 깨닫지 못했던 사실을 많이 발견하게 된다. 내가 생각했던 나와 남이 바라보는 나가 다르다는 것도 알 수 있다.

"나는 누구인가? 라는 생각이 들면 너무나 혼란스러워요. 아무리 생각해도 나에 대한 생각이나 감정 그리고 인지적인 것들은 뭐라고 대답할 수 없을 만큼 헝클어진 것 같아요."

이렇게 불안과 혼돈의 한가운데에 서있는 청춘은 아직 제대로 형성되지 않은 자기개념 때문에 힘들 수밖에 없다. 때로는 그 때문에 주변 사람들까지 힘들게 한다.

자기개념이 긍정적으로 형성되면 더 이상 자신에게 윽박지르지 않고 스스로를 잘 이해하며, 자신을 편하게 받아들일 수 있다. 똑같은 상황을 겪어도 긍정적인 감정과 행동이 뒤따르고, 타인과 사회를 대하는 자세와 태도도 훨씬 부드러워진다.

처한 환경이
나를 뒤흔들지라도

거미줄에 걸린 나비를 본 적이 있다. 나비는 눈에 보일 듯 말 듯
한 거미줄에 걸려 꼼짝없이 날개만 퍼덕거리며 날아가지 못했
다. 청춘들 역시 그렇다. 청춘들은 외부적인 상황이 아니라 스스
로가 쳐놓은 거미줄에 걸려 힘들어한다. 이는 좀처럼 받아들이기
어려운 말이기도 하다. 인간은 언제나 상황과 운명을 탓하기 때문
이다.

　은비는 어릴 때부터 부모님에게서 연년생인 오빠와 차별을 받
으며 자랐다. 가령 그녀가 집에서 가만히 있으면 그녀의 엄마는
집안일도 거들지 않는다고 혼을 내었다. 그러나 빈둥거리며 게임
만 하는 오빠는 그냥 내버려둘 뿐만 아니라 오히려 챙겨주기까지
했다. 그녀가 물건을 어디다 두었는지 기억하지 못하면 엄마는 칠

칠치 못하다고 짜증을 냈지만, 오빠가 그러면 "얘가 눈은 큰데 이 걸 못 본다"면서 웃으며 찾아주는 식이었다.

어릴 때 은비는 이런 것 때문에 너무나 서운해서 엄마에게 자 주 울분을 터트렸지만, 그때마다 말대꾸한다고 더 혼이 났다. 사 춘기에 접어들어서는 이렇게 상처받는 것에 지쳐서 그녀의 표현 에 따르면 '부모님을 포기'했다고 한다. 그녀는 집에서는 미운 오 리새끼였지만 밖에서는 매우 잘 지냈다. 친구들과의 유대관계도 좋았다.

게다가 집에서 별 기대도 받지 못했지만, 학업 성적이 우수해서 괜찮은 대학에도 들어갔다. 반면 그녀의 오빠는 고등학생 때 과외 도 하고 온 집안의 관심 속에서 '난리치며 공부했음에도' 성적이 좋지 않아 대학 입시에서 떨어졌다. 결국 재수까지 했지만 은비와 같은 해에 대학에 들어갔다. 오빠가 들어간 대학은 그녀가 들어간 대학보다 좋지 않았다. 그녀에게는 이것이 큰 위안이 되었다.

하지만 부모님의 반응은 은비를 더욱 서운하게 했다. 아들이 재 수까지 했음에도 좋은 대학에 들어가지 못하자 그녀의 입학 소식 에도 크게 기뻐하지 않았던 것이다.

대학을 다닐 때에도 부모님은 은비와 오빠를 크게 차별했다. 그 녀는 어떻게든지 부모님에게 손을 벌리지 않기 위해 갖은 아르바 이트를 하면서까지 공부했지만 부모님에게 칭찬 한번 제대로 받 은 적이 없었다. 더욱이 대학원에 가려고 했을 때는 집안을 한바탕 뒤집은 다음에야 허락을 겨우 받아냈다.

　반면에 오빠는 학교생활 내내 자신보다 덜 치열하게 사는 것 같았고 여유도 있어 보였다. 어학연수 비용도 쉽게 마련된 것을 보면 자신 모르게 부모님이 도움을 준 것이 분명했다. 하나부터 열까지 오빠와 자신의 처우를 비교하자면 끝이 없었다. 그래서 가능하면 신경을 쓰지 않기로 하고 마음을 닫았다. 둘밖에 없는 남매지만 둘은 서로 얼굴도 잘 맞대지 않고 하숙생처럼 살았다.

　대학원을 졸업한 은비는 현재 취업준비를 하고 있다. 열심히 산 것 같았어도 좋은 회사에 들어가는 것이 생각보다 만만하지는 않았다. 자신이 원하는 곳은 자신의 실력이 모자라 낙방하고 별로라고 생각한 곳에서는 연락이 왔다. 기대와 현실이 다르니 취업이 자꾸만 늦어졌다.

　마음이 답답하고 조급했지만, 휴학을 길게 했던 주변 친구들에 비해서는 자신이 그리 늦은 편은 아니라는 생각이 들었다. 언제나 자신은 친구들보다 더 열심히 살았기 때문이다. 그래서 조금 더 준비를 한다면 곧 좋은 소식이 있을 거라고 조심스럽게 기대를 하고 있었다.

　그러나 요즘 부쩍 자기 속을 뒤집는 엄마를 생각하면 너무 억울해서 눈물이 나왔다.

　"내 친구 딸 ○○이 알지? 걔는 벌써 취업해서 엄마한테 매달

용돈도 준대."

이런 말을 딸 앞에서 서슴지 않게 하는 엄마를 이해할 수 없었다. 그런 말을 들을 때면 대학과 대학원 등록금이 나올 때마다 가슴을 졸이면서, 최대한 돈을 마련하려고 애쓰며 살았던 기억이 솟아올랐다.

그러면서 오빠에게는 왜 이런 말을 하지 않는지 화가 났다. 오빠는 3년째 공무원 시험 준비를 하는데 집에서 고스란히 뒷바라지를 해주고 용돈까지 주고 있었다. 더군다나 공부에 방해된다고 잔소리도 하지 않았다.

그녀는 살면서 이런 일을 한두 번 겪은 게 아니었기에 '아예 생각을 하지 말자'고 마음먹고 잘 지내고 있었다. 그런데 최근에는 감정 억제가 잘 되지 않았다. 아마도 취업 때문에 예민해져서 그런 것 같았다. 최근에 이와 비슷한 말이 오가는 날이면 어김없이 엄마와 한바탕 싸움을 벌였다.

"저보다 공부 열심히 하지 않은 친구도 좋은 곳에 들어가는 것을 보면 저는 취업운이 잘 따르지 않는 것 같아요. 어쩌면 부모님에게 어릴 때부터 제대로 인정을 못 받아 자존감이 너무 낮아져서 그런 걸까요?"

좋은 피드백이 나를 성장시킨다

누구나 순응해야 했던 육아 환경이 있다. 그것이 매우 부당하게 느껴졌다면 대부분 어른이 되어서는 그 기억에서 탈출하려고 애쓰게 된다. 나름대로 그 상황을 극복하며 사는 긍정적인 경우도 있지만, 안타깝게도 어떤 사람들은 온갖 나쁜 자기 최면이나 부모에 대한 원망을 꽉 움켜쥐고 살아간다. 자신도 모른 채 쳐놓은 거미줄에 갇히게 되는 것이다.

'청춘 심리'에는 가족이나 주변의 중요한 사람의 피드백에 유독 민감한 반응을 보이는 특징이 있다. 자신의 미래까지 불안한 상황에서는 그 감정이 더욱 커진다. 이때는 어떻게 해야 할까? 나쁜 피드백, 이상한 피드백에 집착하지 말고 좋은 피드백에 귀 기울이며 극복해나가야 한다.

그럼에도 나쁜 기억에 집착하는 이유는 무엇일까? 현재의 어려움에 대한 이유를 찾고자 하는 마음이 더 크기 때문이다. 많은 사람들은 '만일 그때 ○○가 아니었더라면' 같은 생각이 자신을 위로한다고 믿고 있다. 하지만 껍질을 벗겨보면, 위로보다는 한탄과 체념, 분노의 감정이 더 크다는 것을 알 수 있다. 이렇게 나쁜 피드백은 과거에서 문제를 해결하려고 하기 때문에 지금의 나 자신이 한 발자국도 더 나아가지 못하고 망설이게 만든다. 반대로 좋은 피드백은 성장의 동력이 된다.

부모와 친구, 선생님 등이 제공해주는 긍정적인 피드백에 주의를 기울여보자. 자기개념 형성 과정에서 주변의 중요한 사람들에게서 받는 피드백은 큰 영향력을 발휘한다. 지금 당신이 갖고 있는 자기개념도 수많은 피드백의 결과물이라고 할 수 있다. 즉, 주변에 있는 가족이나 친구의 긍정적인 칭찬이나 격려가 중요하다는 이야기다. 그러나 내가 먼저 나를 칭찬하고 격려하는 분위기에 익숙해져야 다른 사람의 격려나 칭찬을 온전하게 받아들일 수 있다. 그렇지 않으면 다른 사람이 나를 칭찬하고 격려하는 것을 불편하게 생각하고, 오히려 자신을 놀리거나 빈정거리는 것으로 오해할 수가 있다.

그런 다음에 '나는 얼마든지 내 생각과 감정, 행동을 스스로 선택하고 결정할 수 있다는 귀한 존재임'을 깨우쳐야 한다. 이때에는 외부 환경의 변화를 기대하기 보다 '나 자신이 강력한 힘을 갖고 있다'는 믿음을 갖는 것이 중요하다. 이런 믿음은 나를 변화시키는 동기가 되어 지금까지의 실패를 만회하는 기회도 만들어준다. 실수하지 않고 사는 사람이 어디에 있으랴! 심지어는 자기 입안에 있는 혀도 깨무는 데 말이다.

좋은 피드백을 받아들일 때 치유가 일어나고 성장할 수 있다. 어렸을 때에는 우리 대부분이 부끄럼을 많이 타고 심하게 낮을 가리는 편이다. 발표는커녕 친구들과 말하는 것조차 어려워했다. 그러다 우연히 발표를 했다가 칭찬을 듣거나 대회에 나가서 예기치 않게 상이라도 받게 되면 조금씩 사회적인 성격으로 변해가는 것을 알 수 있을 것이다.

그런 경험은 쉽게 잊히지 않고 소중하게 여겨진다. 왜 그럴까? 자신이 내향적인 성격이라고 생각하며 외향적인 친구가 부럽고 그런 성격을 더 긍정적으로 여겼는데, 자신에게서도 그런 외향적인 면을 발견해서 좋았기 때문이다.

긍정적 피드백을 받아들이면 삶에 좋은 변화를 가져올 수 있다. 이러한 경험을 한 상담자와 만난 적이 있다.

"제 오빠는 2살 정도의 지능을 가졌어요. 먹는 것은 물론이고 대·소변조차 가리지 못해요. 당연히 씻는 것도 누군가의 도움 없이는 할 수 없지요. 스스로 할 수 있는 것이 없는 덩치 큰 아기였어요.

그런 오빠가 창피해서 어릴 때는 외동인 것처럼 말하고 다녔어요. 어떨 때는 오빠가 이유가 있어서 다른 지역에 있는 초등학교에 다닌다고 말한 적도 있고요. 초등학교 4학년 때부터 단짝 친구가 있었는데, 그 친구가 이해해줄 거라는 믿음으로 6학년이 된 어느 날 용기를 내서 숨겨왔던 오빠 이야기를 했죠.

그런데 그 친구의 첫 마디를 아직도 잊을 수가 없어요. '부모님이 많이 힘드시겠다.' 겨우 초등학교 6학년인 아이였는데 말이죠. 만약에 그때 제가 어렵사리 꺼낸 오빠 이야기에 '그래?' 하면서 곤란해했거나 그 이야기가 불편해서 자리를 피하려 했다면 어땠을까요?

저는 아직까지 오빠에 관한 이야기라면 숨기며 살았을 거에요. 아니 숨기는 것을 넘어서 오빠라는 존재와, 오빠 때문에 나에게 관심을 쏟지도 못하는 부모님을 원망하며 살았을지도 몰라요.

그러나 그 친구의 대답을 듣고는 '아, 부모님이 이렇게 힘든데도 나를 사랑해주시는구나. 나도 오빠에게 잘해야겠다'고 생각하게 되었어요. 지금은 오빠를 부끄러워하지 않고, 오빠에게 잘하는 것이 나 자신에게 잘하는 것이라는 생각까지 갖게 되었어요."

똑같은 일에 대해서 우리는 여러 가지 피드백을 받을 수 있다. 부모에 대한 서운한 피드백을 받은 적이 있는가? 혹시 그것을 계속 마음속에서 되새겼는가? 그랬다면 이미 그때 일이 트라우마가 되어 당신의 자존감에 많은 손상을 입혔을 것이다.

혹시 수많은 피드백 중에서 나쁜 피드백만 취하는 것이 습관이 되지는 않았는지 돌아보자. 실제로 긍정적인 피드백은 그냥 흘려 듣고, 유독 나쁜 것만을 기억하는 사람이 많다. 예를 들어 외모 콤플렉스가 심한 사람은 '예쁘다'라는 주변 사람들의 칭찬을 곧이곧대로 받아들이지 않는다. 그 대신 무심코 던진 말 한 마디를 자기 식대로 오해하며 자기 외모에 대한 불만을 더 키운다.

이제라도 긍정의 피드백을 마음에 새기는 습관을 가져야 한다. 긍정적인 피드백으로 자신을 만들어간다면 스스로 자존감을 떨어뜨리는 치명적인 실수를 훨씬 덜하게 될 것이다. 나쁜 피드백은 자기발전의 도구로 잘 활용하자. 훗날 "당신(이 나쁜 피드백을 했음에도 불구하고) 덕분에 제가 성공할 수 있었습니다!" 하고 당당하게 말할 수 있도록 말이다.

의지박약
백단

....
....

김연아 선수는 2010년 밴쿠버 올림픽에서 세계 신기록을 세우며 금메달을 땄다. 어린 시절부터 올림픽이라는 꿈의 무대에서 금메달을 따는 것이 꿈이었던 그녀로서는 일생의 목표를 달성한 것이다. 사람들은 그녀가 선보인 감동 드라마에 엄청난 찬사와 환호, 열광을 보냈다.

그러나 그녀는 그 후 목표 상실과 허탈감으로 꽤 오랫동안 힘들어했다. 꿈 하나만 바라보면서 모든 것을 참고 견디며 거두어낸 빛나는 승리였지만, 그 이후 삶의 의미에 대해서는 생각해본 적이 없었던 것이다.

그녀 스스로도 "밴쿠버 올림픽 이후 빙판은 쳐다보기도 싫다"고 말할 정도로 심한 심적 방황을 거쳤고, 긴 시간이 지난 후에야 다시 무대로 돌아올 수 있었다.

대학 신입생들에게도 이와 비슷한 모습을 흔히 발견할 수 있다. 우리 교육의 특성상 대학에 들어왔다는 것 자체가 인생에서 대단한 미션 성공이다. 그래서 입학과 동시에 인생의 목표를 다 이루었다는 느낌이 들면서 김연아 선수도 그랬듯이 공허한 상태에 빠지게 된다. 그래서 목표 상실과 허탈감에 심하게 괴로워하며 한동안 방황하는 청춘들을 쉽게 볼 수 있다.

텅 빈 폐허 같은 마음을 가지고서 대학생활을 하는 것도 문제이지만, 막상 생각했던 대학생활과 너무 달라서 심적 갈등을 겪기도 한다. 무엇을 해야 하는지, 지금 어디에 있는지 멍한 기분에 휩싸여있는 것이다. 이런 공허함과 박탈감은 대학 신입생 시절만이 아니라 이후 나름의 성취를 이룰 때마다 겪을 수 있다. 경쟁이 심한 요즘에는 성공적인 입사나 이직, 유학, 결혼 후에도 이런 증상에 시달릴 수 있다. 다음 사례를 통해서 공허함과 박탈감의 실체를 한번 생각해보자.

영민이는 음악과 커피를 좋아하는 '자유로운 영혼'이다. 그러나 자유롭지도 계획적이지도 않은 자신의 일상이 너무나 싫었다. 어떤 일에 대해 계획은 세우지만 제대로 실천하지를 못한다. 반드시 해야 하는 작업이 있지만 인터넷상의 블로그나 SNS를 돌아다니며 현실 도피하는 시간이 너무 길고 정작 해야 하는 공부는 늘 시간에 쫓기는 등 제시간에 해야 할 일을 하지 못하고 있다.

영민이는 취업준비생이라는 이름으로 생활한 지 5년째다. 그 자신도 공부를 하는지, 취업을 준비하는지, 그냥 놀고 있는지, 도대체 무얼 하는지 잘 모르겠다고 느끼고 있다. 학교에 다니면서도 '시험은 봐야 하니까', '부모님 뵐 면목이 없으니까', '여자친구를 실망시키고 싶지 않아서' 등등의 이유로 노력도 했고, 그 결과 중간 정도의 성적, 눈에 띄지 않는 존재감을 유지하며 대학을 겨우 졸업했다.

여기까지는 누가 보아도 크게 나쁘지 않았다. 이제 회사에 취직해서 결혼하고 안정적인 삶을 꾸려가면 된다. 그러나 영민이는 솔직히 사회로 나갈 자신이 없다. 아니 관심이 없다. 그동안 부모님의 기대가 부담이 되기도 하고, 스스로도 낙오될까 걱정이 되어 공무원 시험을 준비하거나 회계사 시험을 붙들고 있기도 했다. 지금은 이도저도 포기하고 남들처럼 구직 활동을 하고 있지만, 이조차 열심히 하지 않는다.

영민이 스스로 생각해도 자신에게는 간절함이 부족하다. 머리로는 이러면 안 된다고 되뇌며 더 나은 삶을 살고 싶은데 몸이 말을 듣지 않는다. 공부를 열심히 해야지, 이력서를 다시 써야지, 면접에 더 적극적이어야지 하며 먹었던 마음이 너무 쉽게 와르르 무너진다.

"저는 서른두 살이 되도록 스스로를 만들어가는 방법을 모르는 것 같아요. 생활이 현실이라는 느낌이 안 들 때가 많아요."

10년 전 왜 공부를 해야 하는지 모르는 채 무조건 수능 시험을 위해 달렸던 고등학생 시절과 지금이 다를 바가 없이 느껴진다는 영민이, 그가 정말로 하고 싶은 일은 무엇일까?

영민이는 실용음악과에 가고 싶었지만 부모님의 반대로 포기했던 이야기, 휴학했을 때 바리스타 과정을 이수했고 커피에 대해 보였던 열정, 그러나 당장에 미래가 불투명했고 부모님이 반대할 것 같아 포기했던 그때의 심정, 그 후 미래에 대한 확신마저 사라진 현재의 처지 등등을 나열했다.

아마도 영민이에게는 오랜 기간 학교, 집안, 재능 등을 남과 비교하면서 또는 현실적인 상황에서 자신이 할 수 있는 것이 없다는 구실을 대면서 무기력한 자신을 정당화하는 것이 습관이 되었는지도 모른다.

"나중에 사회생활을 하다가 돈을 좀 모으게 되면 카페를 차리면 좋겠고, 당장은 취업을 해야죠. 떠밀려서 돈 벌러 나가는 게 씁쓸하지만 어쩌겠어요? …… 아직도 용돈을 받으며 책가방만 메고 왔다 갔다 하며 사는 제 자신을 생각하면 어이없어요."

영민이와 이야기를 나누면서 '현실에 떠밀려서 어쩔 수 없이 사회에 나간다'는 생각 뒤에 무엇이 있는지 알게 되었다. 부모님이 자신의 꿈을 반대했을 때의 서운함과 무력함, 아직도 하고 싶은 일에 대해 남아있는 미련, 잘나가는 친구들을 보면서 느끼는 상대적 패배감, 아무것에도 확신이 서지 않는 두려움과 답답함 등등이 복합적으로 얽혀있었던 것이다.

당장 뭐든 시작하는 거야! 끝은 생각하지 말고

스펙과 학점을 관리하고 학비를 걱정하다 보면 대학 시절은 눈 깜짝할 사이에 지나간다. 뒤이어 취업준비 과정에서 재수, 삼수를 하다 보면 취업준비생(취준생) 시절은 더 빨리 지나간다. 이쯤 되면 원래의 꿈이 뭐였는지조차 가물가물해진다.

꿈, 목표와 이상을 잃어버렸을 때, 사람들은 무기력에 빠지게 된다. '열정을 왜 잃어버렸을까? 어디에서 잃어버렸을까?' 하고 당황하며 그 안에서 답을 찾으려 허우적거린다. 특히나 취준생은 다른 사회관계가 없기 때문에 무기력해지는 것이 쉬울 수밖에 없다.

질병의 처방은 매우 단순하다. 우울증에 빠진 어느 주부는 의사에게서 산책을 자주 하라는 처방을 받았다. 그녀에게는 복잡한 집안 문제와 그로 인해 생긴 마음의 병이 컸는데, 의사는 더 이상 마음의 위로와 이해가 필요하지 않다고 판단을 내렸다. 왜냐하면 그녀는 몇 년간 같은 문제로 이 병원 저 병원을 무수히 찾아다니며 자기 마음을 헤아려주고 토닥여주는 손길을 갈구했고, 이를 계속 채워왔기 때문이다. 더 이상 이런 것에 기댄다면 그녀는 스스로를 치유하지 못할 수도 있다. 그녀에게 지금 바로 필요한 것은 단지 '실행할 수 있는 행동 지침'이었던 것이다.

무기력은 일종의 거대한 늪이다. 한번 빠지면 급속도로 아래로, 아래로 점점 더 깊이 빠져든다. 늪의 더욱 깊은 곳까지 빠져들게 하는 것들을 걷어내고 나와야 한다. 늪 안에서 답을 찾을 수는 없다. 왜냐하면 답은 바깥 세상에 있기 때문이다. 활기찬 자신의 모습이 문밖에 있듯이 말이다.

무엇부터 해야 할지 모르겠다면 일단 눈에 보이는 것부터 시작해보라. 연락이 오는 회사부터 가서 적응해보는 것이다. 지금 상태에서는 깊은 생각은 잠시 접어두어야 한다. 지금까지 생각을 적게 해서 문제였는가? 생각은 이미 충분히 많이 했을 것이다. 무작정 시작해서 마음에 들지 않는 부분, 회의감 등을 몸소 겪어보면서 답을 찾아야 한다. 아무것도 하지 않는 것보다 아무것이나 해보면서 느끼는 것이 자신의 열정을 깨우고 꿈을 찾는 데 훨씬 더 도움이 된다.

많은 사람들이 "이건 내가 바라던 삶이 아닌데"라고 말하는 것이 현실이다. 내가 말하고자 하는 것은 '바라던 삶'과 '현실'이 다름을 자책하지 말라는 것이다. 프랑스 시인 폴 발레리는 "생각하는 대로 살지 않으면, 사는 대로 생각하게 된다"고 말했다. 꿈을 갖는 시간을 스스로 박탈하는 삶의 무의미함과 무책임함을 상기시키는 말이다.

무기력함이라는 거대한 늪을 빠져 나오려면 어떤 일이든 시작해야 한다. 그래야 잠든 열정도 깨울 수 있다. 자신처럼 무기력함에 빠진 비슷한 처지의 친구를 당분간 멀리 하는 것도 한 방법이다. 계속해서 그들과 어울리다 보면 목표의식이 사라지고 안일한 기분을 느끼면서 계속 시간만 소비하게 될 것이기 때문이다.

미국의 홈런왕 베이브 루스는 무려 714개의 홈런 기록을 세웠다. 그러나 1,330개의 스트라이크 아웃 기록도 있다는 사실을 아는 사람은 많지 않다. 그의 홈런과 스트라이크 아웃 기록은 모두 세계 신기록이었다.

가만히 있다가 홈런 한 방을 치길 원하는가? 홈런이든 스트라이크 아웃이든 일단 방망이를 휘둘러야 만들어진다. 방망이를 휘두르거나 공을 던지지 않는다면 아무도 당신이 타자인지 투수인지 모를 것이다. 실력은 도전할수록, 결과는 해볼수록 좋아진다. 너무 잘하려고 하지 말고, 또 두려워하지 말고 먼저 '시작'하라. 지금 내가 할 수 있는 일이 있다면, 그리고 무조건 그 일을 시작하다 보면 그 속에서 또 다른 길을 찾게 된다. 등산로에서 길을 잃었다면 무작정 그 자리에 주저 앉아있는 것이 능사는 아니며, 오히려 더 위험할 수가 있다. 주변 지형지물을 최대한 파악하여 위로 올라가기 보다 하산하는 길을 찾다 보면 당초 찾던 길을 못 찾았지만 생각지 않은 길을 찾아내어 더 편안하게 내려오는 기쁨을 누릴 수 있다.

싹 다 갈아엎고
싶은 성격

"그 사람 어때?"

"괜찮아", "좋은 사람이야", "착해", "이상해", "별로야", "나랑 안 맞아"…….

그 사람에 대해서 물었을 때 나오는 대답은 대부분 그 사람에 대한 자신의 평가다. 사람들은 자신의 안경에 맞추어보고 싶은 것만을 본다. 그 안경이란 주로 자신의 성격이다. 우리는 대인관계 속에서 결국은 자신의 모습을 본다. 내가 언제 화가 나고 언제 기쁘며 언제 보람을 느끼는지, 또 언제 부당하다고 느끼는지 등을 성격을 통해서 알 수 있다.

'어? 내 성격은 내가 충분히 잘 아는데?'

지금 이런 생각이 당신에게 따라올지도 모르겠다. 정말 나는 내 성격을 잘 알까? 자기가 아는 자신의 성격은 빙산의 일각에 불과

하다. 나에 대한 많은 것은 대부분 보이지 않는 곳에 깊숙하게 가라앉아 있다. 우리는 자신에 대해서는 남들만큼 유심히 관찰하지 않는데다가, 스스로를 의식하지 못한 채 행동하는 일이 많기 때문이다.

유진이는 남자친구를 떠올리면 금세 기분이 좋아진다. 남자친구가 있어서 참 다행이라는 생각도 든다. 그런데 늘 곧바로 부정적인 생각이 뒤따라온다. '남자친구가 혹시 딴 여자애에게 눈이 가면 어떡하지? 혹시 지금도 다른 여자애랑 눈을 맞추고 얘길 하고 있지 않을까?' 등등. 습관처럼 부정적인 생각이 꼬리에 꼬리를 물고 이어지면 좋았던 기분은 곧바로 나락으로 떨어진다.

다른 인간관계에서도 마찬가지이다. 친구가 조금 전 자신에게 지은 표정이 무슨 뜻이었는지, 자신의 행동 때문에 기분이 나빠진 건 아닌지 같은 좋지 않은 생각이 자꾸 뒤따른다. 정작 그 친구는 아무런 감정을 갖고 있지 않았는데도 말이다.

한번은 남자친구와 크게 다투는 중에 이런 말을 듣게 되었다.

"얼마큼의 신뢰를 더 줘야 나를 믿는 거냐?"

유진이는 순간 머리가 멍해졌다. 만난 지 1년 6개월이 지난 남자친구는 지금까지 누가 보더라도 그녀를 전적으로 신뢰해주고 사랑해준 사람이었다. 하지만 이날 다툼으로 둘은 거의 헤어질 위기까지 갔다.

이를 계기로 그녀는 자신의 인간관계 전체를 다시 돌아보게 되었다. 그때까지 많은 관계 속에서 늘 자신이 상대에게 손해를 보고 상처를 받아왔다고 생각했다. 그래서 최근에는 사람과의 만남 자체도 회의적으로 바라보았다. 마음을 쉽게 주지 말자, 사람에게 기대하지 말자고 자주 다짐했던 터였다. 그러나 객관적으로 자신을 돌아볼수록 문제는 자신에게 있음을 깨달았다.

유진이는 늘 의심과 불안으로 상대방을 지치게 했고, 그 과정에서 자신에게도 상처를 주었다. 관계가 틀어지고 버림받는 것이 유진이는 너무 두려웠다. 그래서 사람들에게 친절하지만 뒤에서는 끊임없이 불안에 시달렸던 것이다.

인간관계에서 좌절, 분노, 불안, 의심, 자괴감 등을 심하게 겪고 있다면 자기 성격의 숨겨진 부분으로 눈을 돌려보자. 인간관계에 따른 스트레스는 대부분 내 성격 때문에 비롯된다고 할 수 있다. 자신도 미처 몰랐던 자신의 성격, 즉 감춰진 신념이나 의지 때문에 아픈 것이다.

'내가 착하게 대하니까 사람들은 나를 너무 만만하게 봐', '나는 늘 사람들을 화나게 해. 나 때문에 화났을 거야', '난 역시 안 돼. 구제불능이야. 또, 일을 그르쳤어', '이러니까 나는 쓸모없는 인간이야', '나란 인간을 참을 수가 없어'……

마음속에서 끓어오르는 이런 불만들을 한 문장으로 표현하면 '나는 내 성격이 너무 싫다'이다. 흔히 사람들에게 자기 성격에 얼마나 만족하냐고 물으면 대부분은 '별로'라고 답할 것이다. 성격 때문에 성공한 경험보다 실패한 순간이 더 많이 떠오르기 때문이다. 특히 젊을수록 자기 성격에 대한 만족도가 낮다. 자기 성격 중 마음에 들지 않는 부분을 심하게 거부하기 때문이다.

'그때 그렇게 했어야 했는데', '그때 이 말을 했어야 했는데' 등등 누구나 자신의 익숙한 성격대로 대응해서 결과가 아쉬웠던 적이 많다. 무엇보다 연애에 실패하면 자신의 존재 자체를 부정하기도 한다. 어차피 생긴 대로, 자기 성격대로 산다지만, 그 생김이 어떤지 객관적으로 살펴보는 시간은 필요하다. 우리는 자기 성격을 잘 아는 것 같지만, 실은 여러 인간관계 속에 노출되어서야 비로소 하나씩 겨우 알게 된다.

타고난 성격도 노력하면 변한다

따로 시간을 내어 자신의 성격을 객관적으로 분석해보면 인간 관계에서의 갈등과 힘듦을 훨씬 줄일 수 있다. 일단은 내 성격에 대해 알아갈수록 나에 대한 이해와 사랑이 커진다. 그때 내가 왜 그런 행동을 했는지, 왜 그 말을 하지 못했는지, 왜 그렇게 무력 했는지 등등을 이해하게 됨으로써 자신을 함부로 비난하지 않게 된다.

그리고 다른 사람의 행동에 이해되지 않는 부분이 있다면 어디까지나 내 성격을 기준으로 봤을 때라는 사실도 인지하게 된다. 상대방의 성격이 이러하기 때문에 저런 행동을 했구나 하는 단계까지 나아갈 수도 있다. 이런 과정을 거치면 나 자신과 상대방을 더 잘 이해하게 되므로 자연스럽게 관계에서의 트러블은 줄어든다.

국내 유수 기업의 인사 담당자들은 인재 채용 시 스펙보다 성격이 훨씬 더 중요하다고 입을 모은다. 이는 무조건 서글서글하고 외향적인 성격을 선호한다는 뜻은 아니다. '어떤 틀로 세상과 다른 사람을 바라보느냐'가 그 사람이 가진 능력보다 훨씬 더 중요하다는 뜻이다.

그럼에도 우리는 '성격은 그냥 타고나는 것이고 고정된 것'이라는 인식이 있다. 성격이 인간관계를 비롯한 자기계발의 미개척 분야라고 할 만큼 큰 잠재력을 갖고 있음에도 말이다. 성격은 원본을 어떻게 다듬느냐에 따라 가치가 어마어마하게 달라진다. 마치 커팅에 따른 광택의 차이로 가격과 쓰임이 천차만별이 되는 다이아몬드처럼 말이다. 다듬는다는 것은 나쁜 성격을 개조하거나 그럴싸하게 포장하라는 뜻이 아니라 자신만의 원래 개성을 빛나게 하라는 의미다.

다이아몬드처럼 인간도 자기 성격의 수용과 연마 방법을 깨우친다면 자신의 삶을 변화시킬 수 있는 용기를 갖게 될 것이다. 삶을 변화시킬 수 있는 비밀 열쇠인 성격을 스스로 분석해보고 어떻게 갈고 닦을 것인지 생각해보자.

과거 트라우마와
나의 커넥션

아이의 문제로 상담하던 한 어머니가 남편과 통화를 했다. 그녀의 남편은 누구와 어디에서 무얼 하는지 계속 아내를 추궁하더니, 갑자기 영상통화로 나를 바꿔달라고 했다. 그 순간 그 어머니의 낯빛을 잊을 수가 없다.

그 남편은 결혼생활 20년 동안 매일 같이 하루 몇 차례씩 아내에게 누구를 만나는지 전화로 확인했다고 한다. 처음 보는 선생님 앞에서 그녀는 얼마나 수치스럽고 비참했을까.

그 어머니에게 지금까지 어떻게 사셨냐고 물었더니, 그래도 남편이 잘해준다고 덧붙였다. 그러면서 웃으시는데, 문득 노래 중에 "내가 웃는 게 웃는 게 아니야"란 가사가 떠올랐다. "열 가지를 잘해주면 뭐하나? 이렇게 사람을 못 믿는데"라고 말해주고 싶었다.

그녀는 지난 20년 동안 남편의 감시를 받으며 사느라 친구가 세 명밖에 없고 바깥 모임도 없다고 한다. 그녀의 이야기를 들어보니 남편의 의처증은 자라온 환경 탓이 크다는 것을 알 수 있었다. 너무나 가난하게 자라 자수성가한 그는 부모에게조차 신뢰를 받지 못했다. 사회에서도 계속 살아남기 위해서 아등바등했는데, 그 과정에서 받은 상처도 상당히 컸다.

그의 성공한 현재 모습은 밖에서는 쾌활하고 호탕한 '호인'이다. 그러나 집에만 오면 군림하고 감시하며 집을 공포의 분위기로 모는 '독재자'가 된다. 아마도 그 주변인은 그가 그런 이중성을 갖고 있다는 것을 짐작조차 하지 못할 것이다.

과거의 트라우마에서 벗어나지 못하면 정신이 건강하지 못한 채 살게 된다. 성격은 그만큼 환경과 사건에 영향을 많이 받는다. 주변을 살펴보면 젊은 날에 받은 마음의 상처로 성격이 꼬여서 그 때문에 삶 전체가 흔들리는 경우가 있다. 이는 마치 태풍의 눈처럼 자신을 비롯해 가족 관계와 사회생활로까지 그 나쁜 영향력을 확대해간다.

자신도 불안, 경계, 좌절감, 자괴감, 의심에 시달리며 사회생활을 잘하지 못하고, 부모가 되어서는 자식의 일거수일투족을 구속하고 배우자를 의심한다. 친구, 동료, 상사 간에도 비슷한 문제를 일으키며 '문제적 인간'이 되는 것이다.

꼬일 대로 꼬여버린 성격이란 까칠함, 우유부단함, 냉소적인 성격적 개성을 말하는 것이 아니다. 어떤 사건이나 상황, 환경에 의해서 부정적인 사고가 습관이 된 것을 말한다. 까칠하면 까칠한 대로, 내성적이면 내성적인대로의 성격적 매력을 뽐낼 수 있지만, 삐뚤어진 성격은 자신의 본래 아름다운 성격적인 면을 가리고, 진정한 매력까지 떨어뜨린다.

예를 들어 명품에 대한 콤플렉스가 심한 사람은 자신이 짝퉁을 들고 있을 때, 진짜를 들고 있는 상대를 의심한다. "이건 진짜야!"라고 말해도 집착과 질투 때문에 믿지 않는다. 이것 자체는 별 문제가 아닐 수 있지만, 이런 의심의 고리가 다른 관계로까지 퍼져나가면 상대방이 가진 좋은 것을 제대로 보지 않게 된다. 상대가 가진 명품이 진짜라는 것을 확인한 뒤에는, 부정한 방법으로 물건을 구입했으리라고 의심한다. 지레짐작만으로 상대의 도덕성을 판단하는 우를 범한다. 상대의 도덕성을 부정함으로써, 물질적으로 부족한 자신의 심리를 보상받으려는 몸부림이다.

좋은 직업을 가졌거나 부유한 사람을 보면 '저 사람이 성공한 것은 집안이 좋기 때문이야', '겉으로는 좋은 일을 하지만 사생활은 지저분할 거야', '다른 사람 눈에서 피눈물 나게 해서 돈 벌었을 거야' 등등 본인이 편한 방식으로 꼬아서 모든 걸 판단해버린다. 또 자신이 가지지 못한 어떤 것을 가진 사람을 보면 마치 자신이 위협을 당하는 것처럼 느끼고 '저건 별거 아닐 거야.' 하는 등 애써 그 사실을 깎아내리며 가짜 위안을 삼는다. 아니면 '부모 잘 만 났겠지 뭐'처럼 마음껏 오해하며 상대방의 노력을 인정하지 않는 다. 이런 마음이 자주 드는 것은 정신건강의 적신호다. 감정이 겉 으로 드러나지 않도록 삭히고 참지만, 속으로는 이미 화를 입은 뒤이다.

"자라 보고 놀란 가슴 솥뚜껑 보고 놀란다"고 했다. 어떤 일에 서 겪은 감정적 상처가 제대로 치유되지 않으면 엉뚱한 일에 영향 을 미친다. 가만히 자신을 돌아보라. 살아온 과정 하나하나가 몸, 마음, 정신에 그대로 새겨져있을 것이다. 지워버리고 싶은 기억이 있기에 최대한 몸부림쳤지만, 그것은 지워지기는커녕 오히려 마 음속 더 깊은 곳에 자리 잡고 있지 않은가? 다음의 사례를 통해서 과거의 상처가 현재의 일에 영향을 미치는 정도를 확인해보자.

나를 냉철하게 직시하자

가난한 집안에서 자랐지만 매우 좋은 집안의 남자와 결혼한 한 여성이 있다. 그녀는 남편이 일류 대기업에 다니고 시댁도 무척 잘살아서 "시집 잘 간다"는 소리를 들으며 결혼했다. 그러나 정 작 그녀는 한의사와 결혼하게 된 동창의 소식에 잠을 이루지 못 했다. 예전에는 자기보다 더 보잘 것 없던 친구가 일이 잘된다는 소식을 들었을 때도 마찬가지다. 그녀는 잘살게 된 그들의 티를 아무리 뜯어도 분이 풀리지 않았다. 그녀에게는 그럴만한 이유가 있었다.

그녀는 결혼하기까지 과정이 너무 힘들었다. 변변치 못한 자신을 며느리로 받아들이는 것을 완강하게 거부한 시댁과 한 편의 드라마를 찍었다. 이때 받은 커다란 상처와 함께 어린 시절부터 경제력에 대한 열등감 때문에 겪었던 수많은 상처가 그녀의 성격을 어느덧 이상하게 꼬아버렸다. 행복하기 위해 한 결혼이 트라우마의 스위치를 누른 것이다. 한번 발현된 트라우마는 자신과 동일한 상황에 놓인 사람을 인정하지 않는 행동으로 이어졌다.

그런 여자의 행동에는 이유가 있다. 여자는 비슷한 상황에 놓인 친구를 통해, 자신의 어려웠던 과거를 체벌하고 있다. 그럴수록 고통받는 것은 자신이라는 사실을 인지하지 못한 채, 그녀는 자신처럼 잘살게 되는 이들을 용서하지 못하는 이상한 마음의 지옥에서 살고 있다.

어떤 일에 마음의 상처를 자주 입어왔는가? 어떤 상황에 처하면 설명할 수 없는 불편한 마음이 계속되는가? 왜 그런가? 그것은 어떤 상처인가? 언제부터 성격의 밝고 순수한 면이 가려졌는가? 좋지 않았던, 기억하고 싶지 않은 추억을 끄집어내서 들여다보자.

자신에 대해 한번 형성된 판단은 쉽게 바뀌지 않는다. 그러므로 올바른 시선으로 자신을 바라보는 일은 매우 중요하다. 지금 자신에 대해서 어떻게 생각하는지, 혼란스럽게 느낀다면 왜 그런지, 모든 것을 부정적으로 생각하고 있다면 왜 그런지, 어떻게 하면 자신을 긍정적으로 믿을 수 있는지에 대해서 생각하는 시간을 가져보기를 바란다. 나 자신을 올바르게 바라보는 일은 삶의 어떤 과제보다 중요하기 때문이다.

　손볼 수 없을 정도로 상처를 묵히면 회복하는데 시간이 너무 오래 걸린다. 내 성격의 건강함을 되찾으려면, 평소에 자잘한 마음의 응어리라도 그냥 넘어가서는 안 된다. 감정적 브레이크를 지나치지 말라. 멈추고 들여다보라. 자신이 그때 왜, 무엇 때문에 힘들었는지 그 심정을 충분히 헤아려보는 것이 필요하다. 자기 마음을 자주 들여다보고 이해해줄 때 본래 성격의 건강함이 유지된다. 건강은 관심을 꾸준히 갖는 것만으로도 지켜진다는 것을 기억하자.

타인의 시선으로
사는 삶

주원이는 옷차림은 물론 매너와 생김새까지 반듯하다. 그러나 유심히 보면 그의 깔끔한 스타일에 감추어진 기가 죽은 눈빛과 쳐진 어깨를 발견할 수 있다.

주원이는 취준생과 신입사원을 오가며 2년을 보냈다. 첫 취업에 성공한 뒤 3개월 만에 퇴사했고, 다른 두 군데의 회사에서도 몇 달 버티지 못하고 그만두었다. 처음 퇴사할 때에는 자기와 잘 맞지 않는 회사는 빨리 그만두는 것이 좋겠다 싶었다. 그런데 입사와 퇴사, 백수를 몇 달 간격으로 연거푸 겪다 보니 자신감이 전부 사라졌다.

건강에도 이상이 와서 심한 불면증과 편두통이 생겼다. 최근에는 가족과 친구들에게 연락을 거의 끊고 산다. 외톨이로 지내면서 생활고에 시달렸음에도 주위에 도와달라는 이야기조차 제대로 하지 않았다.

주원이는 소위 '범생이'였다. 성실하게 공부하고 규율을 잘 지켜서 꾸중을 들은 적이 별로 없었다. 대인관계에서도 싫은 점이 있어도 쉽게 내색하지 않는 성격이었다. 주원이는 비록 원했던 대학에 가지 못했지만 전공이 법학이기에 자신과 부모님, 선생님의 기대를 만족시킬 수 있었다. 대학생활도 특유의 성실함과 꾸준함으로 무난하게 잘했다.

제법 괜찮은 회사에 입사하고 주위로부터 축하와 칭찬도 많이 받았다. 그러나 입사 후에 마치 뒤늦은 사춘기를 겪는 것처럼 심하게 방황했다. 남들이 보면 특별한 어려움도 시련도 없는데 도대체 무엇이 문제였을까?

주원이는 뒤늦게 자신이 원하는 미래가 어떤 것인지, 앞으로 어떻게 살아야 할지 모르겠다는 느낌에 사로잡혔다. 처음에 회사를 다닐 때에는 하는 일이 적성에 맞지 않다고 생각했었다. 그런데 다른 회사, 또 다른 회사를 거치면서 자신이 무엇을 하고 싶은지 모른다는 사실만 깨달아갈 뿐이었다. 마음이 불안하다 보니 회사에 있을 때에는 적응하려는 의지가 생기지 않았고, 다시 취업 준비를 할 때에도 머리가 멍했다.

"원래 저는 야구선수가 되고 싶었어요. 초등학생 때 부모님의 반대를 꺾지 못하고 전학도 두 번이나 가게 되면서 야구를 그만두었지요. 그때부터 성격이 너무 차분하고 소심하게 변했어요.

집안 자체가 너무 보수적이었죠. '남자는 이래야 해', '이렇게 자라야 해', '집에 일찍 들어가야 해', '옷은 이렇게 입어야 해', '시험은 무조건 잘 봐야 해' 등등 정해진 틀이 많았고, 저는 반항 한 번 제대로 하지 않고 그 틀을 지키려고 노력했거든요."

주원이는 자라온 환경이 지금의 자신을 옴짝달싹할 수 없게 만들었다고 생각했다. "핑계 같지만"이란 말로 시작되는 많은 말들이 그랬다. 이런 말을 듣는 중에 주원이가 사회생활을 하는 데에는 정말 문제가 없었는지가 궁금했다. 어쩌면 주원이는 사회생활에서 생긴 문제를 다른 방식으로 피하고 있는 것은 아닐까?

주원이는 사회생활에서 받은 상처가 생각보다 컸지만 그것을 인지하지 못했고, 어떤 면에서는 인정하지 않았다. 예를 들어 업무지시를 받았을 때, 모르는 것을 누구에게 물어볼 용기가 나지 않았다. 그래도 주원이는 책임감에 주말에도 혼자 출근해 작업을 했다. 하지만 같은 업무지시를 받은 입사동기는 눈치가 빠르고 사회성이 좋아 선배의 도움으로 쉽게 일을 끝내곤 했다.

결과물은 주원이가 훨씬 깔끔하게 잘 처리했음에도 엉뚱하게도 칭찬과 인정은 그 동기에게 돌아갔다. 이와 비슷한 일이 몇 번 반복되자 주원이는 실력이나 노력보다는 아부하는 기술이 중요하다고 결론지었다. 그러다 보니 회사에서 존재감을 드러내는 법을 고민하고 노력하는 것 자체가 부질없다고 느껴졌다.

모자라도 자연스런 성격이 사랑스럽다

모범생은 비판을 받거나 꾸중을 듣는 경우가 거의 없다. 그래서 사회생활에서 꾸중을 듣거나, 칭찬을 받지 못하면 당황한다. 머리로는 '처음이니까 그렇다'고 생각하지만 자꾸 '못하면 어떻게 하지?'라고 겁을 먹고, 자기 검열 습관이 생겨서 행동이 소심해지고 부자연스러워진다. 자신에 대한 비판이 많아지면 당연히 자신감은 떨어지게 된다.

그러나 이 경우에서는 좀 더 근본적인 문제점을 짚고 갈 필요가 있다. 먼저 지금 자신의 성격이 진짜 자신의 성격인지부터 따져보자. 보통 모범생 이미지가 강한 이들의 아픔은 남들에게 보이기 위한, 주변과 가족의 기대에 맞춘 성격으로 포장하면서 많이 발생한다. 주원이의 경우도 사회생활에서 겪은 아픔을 드러내지 못하고 남들의 시선 안에 갇혔기에 일어났던 건 아닐까.

"뭐, 내가 내 성격을 포장하고 있었다고?"

언뜻 이것은 받아들이기 힘든 문제다. 자신조차 자신의 성격이 포장되어 있다는 것을 모르는 이들이 많기 때문이다.

학교에서 학생들과 수업을 할 때 '방어기제'에 대해서 계속 언급한 적이 있었다. '방어기제'는 대충 어떤 뜻인지 연상은 되지만 뜻을 제대로 알기는 어려운 전문 심리학 용어이다. 그러나 수업 시간 내내 그것에 대해서 질문하는 학생이 없었다. 한 번은 어느 학생이 "선생님, 지금 계속 말씀하시는 방어기제가 무엇인가요?"라고 물었는데, 나머지 학생들은 '그것도 모르니?'라는 표정을 짓고서 질문하는 그 학생을 쳐다보았다.

나는 거꾸로 "다른 학생들은 왜 이것을 묻지 않았지? 너희들은 이 '방어기제'를 알고 있니? 이 용어가 뭐라고 생각해?"라고 질문을 던졌다. 학생들은 그제야 자신들도 '방어기제'를 잘 모르고 있음을, 지금까지 아는 척을 했다는 것을 알고 부끄러워했다. '대충 알 것 같은 느낌'을 '안다'로 착각한 것이다.

이처럼 우리는 알게 모르게 친구가 많은 척, 매력 있는 척, 아는 척, 착한 척, 모범생인 척, 소심하지 않은 척, 부유한 척, 겸손한 척, 계획적인 척하며 산다. 실제 자신과는 상관없이 남들 앞에서 그렇게 보이려고 부단히 포장하려고 한다.

나이 먹을수록 그 '척'은 점점 더 심해진다. 고등학생 시절보다는 대학생활에서, 대학생활보다는 사회생활에서 더 많은 '척'이 필요하다. 어릴 때는 친구들끼리 "돈이 없다", "○○○을 잘하지 못한다", "사람들에게 인기가 없다"는 말을 쉽게 할 수 있다. 그러나 어른이 되면서 이상한 두려움에 사로잡혀 솔직하게 말하지 못한다. '돈이 없다고 하면 나를 무시하지 않을까?', '잘하는 것이 없다고 하면 내 이야기에 아무도 주목하지 않겠지?', '인기마저 없다고 하면 너무 초라해보일 거야' 등등을 계산하면서 '척'을 한다.

원래 없는 사람들이 있는 척하지, 진짜 있는 사람들은 그런 척을 하지 않는다. 부자들은 자신의 부를 괜히 과시하는 것처럼 보일까봐 조심한다. 그러나 없는 사람들은 자신을 낮추어 볼까봐 겁을 먹고 작은 걸 크게 부풀려 말하는 경향이 있다. 부자는 절대 자신을 부자라고 하지 않는다. 영리한 사람들은 자신의 지식에 대해 겸손하여 더 연구하고 노력하는데, 어중간하고 자신이 영리한 줄 착각하는 사람은 자신의 지식을 자랑하고 싶어한다.

성격을 포장하는 사람들은 "나 지금 불안해요. 나 열등감이 너무 많아요. 나 마음이 허해요"라고 자신의 태도로 은연중에 말하고 있다. 뭘 그리 불안해하는가? 뭘 그리 포장하려 드는가? 가족과 가까운 친구를 떠올려보라. 그들은 있는 그대로의 나를 좋아해준다. 그리고 있는 그대로의 나를 좋아해줄 사람들은 앞으로 얼마든지 생길 수 있다.

내 성격의 포장을 한 꺼풀만 벗겨보자. 내 성격대로 행동할 수 있으면 실수도 더 적게 하고, 자연스러움이 배어나와서 사람들도 나를 더 좋아해줄 것이다. 무식하면 무식한 대로, 수줍으면 수줍은 대로, 덤벙대면 덤벙대는 대로, 예민하면 예민한 대로 자신의 캐릭터를 드러내자. 괜한 두려움을 산처럼 쌓아놓지 말자. 한마디로 사람들은 자연스러운 내 모습을 가장 좋아한다는 사실을 잊지 말아야 한다.

노력을 기울여서 아픈거야

은밀한 열등감을
성공의 열정으로

"부러우면 지는 거다"라는 유행어가 있다. 부러움은 우리 사회에서 알게 모르게 강요되는 감정 중의 하나다. 부러움과 질투는 비교에서 비롯된다. '남보다 못하다', '나보다 잘났다' 등 반드시 이기고 지는 대상, 승자와 패자가 존재한다.

남다른 열정의 민족이어서인지 몰라도 우리는 승패가 갈리는 것을 매우 좋아한다. 오죽하면 '힘내다'라는 격려를 '파이팅(싸우자)'이라고 말할까? 우리는 어릴 때부터 비교당하고 비교하는 일에 익숙하다. '엄친딸', '엄친아'는 늘 우리 주위에 실존하는 인물이다.

민족의 고유 성향이라고 해야 할지, 급속한 경제 성장에 따른 폐해라고 해야 할지 모를 '비교 에너지' 덕에 아이러니하게도 우리는 그만한 성과를 거두었다.

그러나 이것은 경제의 양적 성장에 맞는 사고방식이었지, 요즘처럼 문화의 질과 창의력, 개인의 행복이 중요한 시대에는 맞지 않는다. 남과의 비교를 통해서 성장해야 할 시대가 아닌, 창의력이 중요해진 요즘에도 왜 우리는 여전히 비교에 시달릴까?

학벌, 소득 같은 객관적 상황의 차이가 열등감을 유발한다는 말은 설득력이 있어 보이지만, 사실은 '비교'라는 내적 요소가 더 크게 작용한다. 비교에는 '상향비교'와 '하향비교'가 있다. 상향비교는 자기보다 뛰어난 사람을 보고 의기소침하는 것이고, 하향비교는 나보다 상황이 좋지 않은 사람을 보며 우월감을 느끼는 것이다. 이때 상향비교를 자주 하는 사람은 당연히 열등감에 시달리게 된다.

그로 인해 생긴 열등감에 우리는 괴로워한다. 아직도 친한 친구가 이름 있는 대학에 간 것이 충격이고, 대기업에 입사한 것 때문에 묘한 박탈감이 생긴다. 도대체 왜 남들은 나보다 잘났을까? 왜 나보다 더 잘살까? 이러한 것에 분노하고 좌절하며 쓸데없이 신경을 쓰며 시간을 보내게 된다.

주위를 둘러보면 모두 나보다 더 멋져 보이고 잘나고 행복해보인다. 남의 떡이 더 커보이는 것이다. 알고보면 속사정은 거기서 거기인데 마음은 이미 늘 누구에게든 부러워할 자세를 취하고 있다. 자신만의 삶을 찾아가고 만들어가는 것이 행복의 시작이자 출발점인데, 내가 그 행복의 주인공은 여전히 아닌 것이다. 자존감이 자신도 모르는 사이에 낮아진 탓이다. 자신감을 가지고서 당차게 살아야 행복해진다. 그러나 대부분의 사람들은 누군가를 부러워하며 자신의 존재가 열등하다는 생각에 빠진 채 나름대로 잘 살아보려고 하지 않는다. 그러다가 20대 전체를 부모님의 인생, 선생님의 인생, 사장님의 인생을 사는 데 할애하는 것이다.

남과 비교하는 습관은 자신에 대한 일종의 정신적 학대이다. 열등감에 빠지는 순간, 진짜로 '지는' 것이다. 열등감의 프로세스 자체가 그렇다. 우리 마음은 언제나 자신을 다른 사람과 비교하라고 다그친다. 일종의 유혹인 셈이다. 비교하면 나약해진다는 것을 이미 아는 사람은 비교 대상 자체를 차단시킨다.

비교하는 순간 경쟁의 게임이 시작된다. 둘을 비교하면 둘 중에 한 명은 분명하게 뒤떨어지게 되어 있다. 스스로를 누군가와 비교해서 우월감을 느낀다면, 똑같은 기준으로 더 잘난 이를 만났을 때 열등감을 느끼게 된다. 우월감은 결국 열등감을 가진 이의 다른 가면에 불과하다. 경쟁을 하더라도 내가 정한 기준으로 내가 원하는 분야에서 나 자신과 경쟁을 해야 한다.

나 자신과 경쟁하는 사람은 주변 사람들과 일정한 거리를 두고 자신의 페이스를 지켜갈 수 있지만, 잘난 사람의 존재로 인해 자신의 처지를 비관하고 불행하다고 느낀다. 예컨대 100미터를 12초에 달리던 두 사람이 똑같이 11초에 들어왔다고 했을 때, 전자의 사람은 기존의 기록을 1초 단축했다는 점에서 성취감을 느끼지

만, 후자의 사람은 자신과 비등한 사람의 존재로 인해, 본인의 기록을 단축했음에도 불행하다고 느낀다. 상대방을 앞서지 못했다는 감정이, 더 나은 사람이 된 자신을 바라보지 못하게 한다. 상대방에 대한 비판과 비난이 그때부터 시작된다.

아이러니하게도 우리는 다른 사람들을 잘 알지도 못하면서 쉽게 판단하려고 한다. 도대체 그 사람에 대해서 무엇을 안다고 나보다 잘났다, 잘산다고 결론을 내릴 수 있는가? 그 사람의 생각을 알 수 없고, 어떠한 조건하에서 살고 있는지 아는 바가 거의 없는데도 자기 방식대로 오해하며 이러쿵저러쿵 남의 이야기를 한다.

따라서 비교하려는 마음이 들 때마다 목표를 다시 점검하고 자기에게 집중해야 한다. 목표를 향해 노력하는 과정에서 자연스럽게 자존감이 회복되기 때문이다. 자존감이 올라가면 삶의 만족도와 행복도 저절로 올라간다. 무엇보다 자신을 인정해야 한다. 그러려면 먼저 자신을 잘 파악해야 한다. 무엇을 원하는지, 어떤 인생을 살고 싶은지, 언제 가장 행복한지 등을 알고 나면 목표가 생기고, 그 목표에 비추어 잘살고 있는지를 알 수 있다.

불안에
휘둘리지 않으려면

영화배우 제니퍼 애니스톤이 브래드 피트와 행복하게 대저택에 살 때 어느 한 잡지와 인터뷰를 했다.

"제 삶의 모든 것이 다 불안합니다. 이래도 걱정, 저래도 걱정 ······ 때 로는 걱정이 없는 것도 불안해요."

당시 할리우드 최고 인기배우였고 잉꼬커플로 소문이 난 그녀도 '불안'에서 자유롭지 못했다. 아랍 속담에 "불안은 영혼을 잠식한다"는 말이 있다. 현대를 살아가고 있는 사람들에게 불안은 습관과 같다.

인간의 평생 중에 가장 불안한 시기를 꼽으라면 아마도 청춘일 것이다. 어른들의 불안감이 삶에서의 공포에 기인한 것이라면, 청춘의 불안감은 자기개념이 확실하지 않기 때문에 생기는 것이다.

세원이는 다니던 대학이 적성에 맞지 않아 반수를 했는데, 학원비를 자기가 벌어 해결했다. 이것이 그에게는 커다란 자부심이 되었다. 그만큼 그는 자립심과 자존심이 강하고 성실한 편이었다. 그러나 제대하고 복학하기 전까지 그는 좀 달라졌다. 아르바이트를 하며 학생 신분으로는 제법 큰돈을 벌게 되자 그의 생활은 흐트러지고 말았다. 술을 마시고, 외박을 하고, 카드 값을 감당하기 힘들 정도로 소비가 늘어났다. 이 때문에 부모님과 자주 다투게 되었고, 그 강도는 점점 거세졌다.

세원이도 자신의 최근 모습이 낯설고 잘못된 것을 알았지만 제어가 되지 않았다. 다시 복학해야 한다는 사실도 공포로 다가왔다.

학교나 진로 같은 현실적인 문제 등에 대해 누군가가 이야기하면 신경이 곤두섰고 화가 났다. 그러다가도 아르바이트로 월급이 두둑해지면 그런 자신의 현실을 잊기 위해서 놀고 먹고 즐기는 일에 월급을 탕진했다. 기분이 롤러코스터를 탄 것처럼 심하게 오르락내리락 했다.

그러나 세원이가 생각하기에 진짜 문제는 부모님 같았다. 자신의 잘못이야 스스로 충분히 알고 반성하면 되지만, 계속 점점 더 강도를 높여 가며 자신에게 퍼붓는 부모님의 잔소리는 도저히 이해할 수 없었다. 부모님이 당신들의 스트레스를 자신에게 푼다는 생각마저 들었다. 게다가 부모님이 자기에게 똑바로 살라는 말을 할 자격이 없다는 생각이 치밀어 올랐다.

그래서 오히려 심하게 잔소리를 들은 날이면 집에 가기가 더 싫었고 술을 더 마셨다. 제대로 했고 돈도 벌고 있으니 어른인데, 귀가 시간을 일일이 보고해야 하는 현실도 너무 답답하게 느껴졌다.

물론 세원이의 반항에는 부모님의 탓도 있었다. 최근 그의 부모님은 서로 핏대를 올리며 자주 싸웠다. 3년 전 퇴직한 아버지가 아무것도 하지 않고 술만 마시는 것이 일상이 되었기 때문이었다.

한 인간의 성장에 있어서 부모의 영향은 절대적이다. 아이들은 무서울 정도로 부모를 모방한다. 무심코 내뱉는 말 한 마디에서부터 행동 하나에 이르기까지 스펀지가 물을 빨아들이듯이 부모를 받아들인다. 물을 부으면 밑으로 모두 빠지면서 어느새 통통하게 살이 찌고 뿌리를 내리는 콩나물처럼 자란다.

세원이는 부모님을 향한 존경은커녕 환멸을 느꼈다. 그래서 이중생활자처럼 밖에서는 기분이 좋다가도, 집에만 오면 우울해졌다. 학교생활과 제대 후 바뀐 세상에 적응하는 것이 쉽지 않은데, 집은 자신의 복잡한 머리를 더 헝클어뜨리는 것만 같았다.

"부모님이 저를 아예 포기하길 바랐어요. 자신들의 삶은 엉망이면서 저를 무조건 구속하려 들고, 저에 대한 이해보다는 잘못을 지적하는 데 참기가 힘들었죠. 부모님이 소리를 지를수록 저는 더 크게 소리를 질렀어요. 하지만 견디기 힘든 건 그렇게 미친 듯이 화를 내는 제 모습이었어요."

세 식구의 관계가 극단으로 치달아갈 즈음, '사건'이 터졌다. 세원이가 독립하겠다고 부모님을 설득하는 와중에 아버지에게 "도대체 아버지가 나한테 해준 게 뭐가 있어요?"라는 말을 뱉어버린 것이었다.

퇴직에 따른 우울증과 알코올의존증을 앓던 아버지는 이 말에 큰 충격을 받았고, 그때부터 며칠 간 식음을 전폐하고 술만 마셨다. 며칠 후에 알코올의존증과 영양실조로 아버지가 응급실에 실려갔다.

세원이의 어머니와 세원이는 터질 일이 터졌다는 생각과 함께 너무도 비참한 기분을 느꼈다.

"제가 인격 파탄자가 된 것 같았어요. 아버지를 입원하게 만든 것이 결국 저 때문이라는 생각에 너무나 괴로웠어요. 다른 집은 멀쩡한데 우리 집은 왜 이 모양일까요? 저 자신도 우리 집도 답이 없습니다."

불안과 평화로운 동거부터 시작

레프 톨스토이의 걸작 《안나 카레리나》의 첫 문장은 이렇게 시작한다.

"행복한 가정은 모두 엇비슷하고, 불행한 가정은 불행한 이유가 모두 제각각이다."

가족들 모두 불행에 빠져있을 때가 있다. 인생의 어느 시기에 그럴 수도 있다. 그것은 어느 특정한 가정에 해당되는 이야기는 아니다. 대부분의 가정이 살면서 몇 번씩 그런 위기에 처한다. 주위 친구들의 이야기를 주의 깊게 들어보면 집안마다 크고 작은 문제가 다 있음을 알게 될 것이다.

그런 의미에서 행복한 가정이란 문제가 없는 가정이 아니라 '함께 문제를 해결해가며 사는 가정'이라고 말할 수 있다. 다행히 "위기가 곧 기회가 된다"는 말처럼 가족 사이의 큰 불협화음은 오히려 행복한 가정으로 변하는 계기가 되기도 한다. 비록 가족 구성원들 모두의 반성과 노력이 많이 필요하고, 이를 바로잡는 데까지 시간도 걸리지만 말이다.

이야기의 초점을 세원이의 심리적 문제에 맞춰보자. '우리 집은 왜 이럴까?', '우리 부모님은 왜 저럴까?' 하며 우울해하는 것은 자신의 심리적 문제를 부모님 혹은 가족 자체로 돌리는 것처럼 보인다.

세원이는 누구보다도 자존심과 자립심이 강한 청년이었다. 그러나 어느 날부터 조금씩 삐딱해지며 부모님께 반항하게 되었다.

왜 그랬을까? 세원이 스스로가 고백했듯이 원인은 너무도 명확하다. 자기 미래가 너무 불안했기 때문이다. 세원이는 정서적으로나 심리적으로 언제 어떻게 될지 모르는, 나도 나를 잘 모르겠는, 어디로 튈지 모르는 느낌에 계속 시달렸다. 그러다 보니 스스로 주체할 수 없는 행동이 튀어나오고 생활은 점점 더 엉망이 되어갔다. 그럼에도 불구하고 부모님의 충고를 들을수록 더 엇나가거나, 오히려 그 때문에 더 문제가 된다는 식으로 몰아붙이기까지 했다.

세원이의 이런 행동에서 청춘 특유의 심리적 특성을 엿볼 수 있다. 흔히 말하는 '젊은 날의 이유 없는 반항'은 엉뚱한 자기주장을 통해서 안정을 가지려는 노력이다. 자칫 이런 현상이 심해지면 본인의 진심과 다르게 청개구리 심리가 발동되기도 한다. 자신조차 싫어하는 행동을 일부러 계속하면서 고집을 부리는 것이다.

본인도 분명히 잘못된 것인 줄 알면서도 끝까지 자기주장을 하고 괜한 일에 오기를 부리는 일도 있다. 또 자신에게 주어진 현실을 더 부풀려서 심각하게 바라보고, 극단적으로 왜곡하기도 한다. 머리로는 이러면 안 된다고 되뇌며 더 나은 삶을 살고 싶은데, 몸이 말을 듣지 않는 것이다. '이렇게 하자!'고 마음을 먹었던 것이 너무 쉽게 와르르 무너진다.

젊을수록 자신에 대한 비판을 수용하기 힘들어한다. 별것 아닌 일로 비판을 받거나 자기의 미래와 행복을 위해 앞으로 더 잘하라는 말 자체를 듣기 싫어한다. 이는 누구나 마찬가지이지만, 젊을 때는 그 감정의 정도가 훨씬 증폭된다.

자신도 앞날을 준비하며 살고 싶은데, 맨 정신으로 미래를 생각하는 것이 너무 두려운 것이다. 그러나 그 모습을 다른 사람에게 들키기는 싫다. 이 때문에 부모님, 선생님, 친구, 주변의 인생 선배들의 진심 어린 조언도 자신에 대한 비난으로 받아들이게 되는 것이다.

이러한 면들이 청춘의 심리적 특성이다. 하지만 이것이 삐딱한 행동을 정당화하는 데 활용되어서는 안 된다. 어른 대접을 받고 싶다면 먼저 어른답게 행동해야 한다. 철없는 아이처럼 행동하는 자에게는 어른처럼 대해 주지 않는다고 화낼 자격이 없다.

만약 어떤 사람의 행동이 어른스럽다면 사람들은 그 사람의 나이, 외모, 위치에 상관없이 성숙한 존재로 인정하며 대해줄 것이다. 그리고 진짜 어른이 되고 싶다면 부모님에게 이해를 구하기보다는 자신이 먼저 부모님을 한 사람으로서 이해할 수 있어야 한다. 부모님도 당연히 당신과 마찬가지로 완벽하지 않고, 당신들의 삶을 살면서 흔들리고 불안해한다. 그들의 불안을 인정하고 받아들일 때, 공감과 소통이 가능하다.

불안은 우리에게서 완전히 사라질 수 없는 감정적 실체다. 부와 명예를 모두 누리는 성공한 할리우드 스타마저도 불안해하며 살고 있다. 불안은 관심을 기울여 다스려나갈 수 있을 뿐이다.

밝은 하늘에서 별 보기가 쉽지 않듯이, 가슴에 별을 다는 것이 단순하지 않듯이, 인생의 '별'을 품는 것은 정말 어려운 일이다. 우리가 보는 스타, 말 그대로 그 별들은 엄청난 경쟁률을 뚫고 그 자리에 있는 것이다. 그들은 인기가 사라질까봐 밤잠 설치며 불안에 떨며 산다.

1~2년 노력했지만 성과가 안 나타났다고 포기한다면 당연히 별을 볼 수 없다. 당장 눈에 보이는 불안 때문에 울고 웃지 말아야 할 이유가 여기에 있다.

자신이 불안해하고 있다는 사실을 먼저 인정하고 받아들이는 것이 중요하다. 그 다음에는 회피하지 말고 불안과 직면해야 한다. 불안에 끌려다니면서 생활을 망치지 말고 불안을 통제할 수 있는 자신만의 방법을 찾아야 한다. 다행스럽게도 불안은 치열하게 미래를 계획하고 실천해나가기 위한 기폭제로 활용할 수 있다. 바로 이것이 불안에 휘둘리거나, 불안을 없애려고 고군분투하기보다는 불안과 친구가 되어 함께 가야 하는 이유다.

어느 카페 대문에 써 붙여진 문구를 보면서 불안 때문에 겁먹지 말아야 할 이유를 본다.

"대개 너의 불안은 태풍 속에 있지 않고 '태풍이 온다'는 소식 속에 있다. 아직 오지 않은 미래 속에 있다. 막상 태풍이 불면 너는 네 살 길을 잘도 도모하더라."

비수로 돌아온
열정

....

'동상이몽'이란 말을 강의실에서 자주 떠올리게 된다. 한 강의실에서 앉아있는 학생들을 보면 모두 다른 꿈을 꾸는 것이 보여서다.

'내가 이 강의실에 앉아 뭐하고 있지? 여긴 어느 대학이지? 겨우 여기 들어온 거야? 어쩌다 내가 이렇게까지 추락했지? 말도 안돼. 내가 여기에 겨우 앉아있다니! 죽고 싶다. 나는 왜 수능운이 없었을까? 이렇게 멍청한 애들 사이에 내가 있어야 돼?'

우리나라 사람 중에 학력 콤플렉스를 느끼지 않을 사람이 있을까? 심지어 서울대생, 카이스트 대학생도 성적 비관으로 자살할 만큼 우리 모두는 어마어마한 공부, 성적, 학력 콤플렉스에 시달리고 있다. 그러나 주위를 둘러보면 알아주는 학교를 나오지 않았어도 자신의 가치를 믿고 열심히 잘사는 사람들이 많다. 실제로 성공한 사람들 중에는 오히려 좋은 대학을 나오지 않았고, 그것이 콤플렉스가 되어 더 노력한 덕분에 성공할 수 있었다고 고백하는 이들이 많다.

그럼에도 많은 학생들이 자신의 노력이나 결과에 대한 욕심이 채워지지 않아 자괴감이 들고 괴롭다고 털어놓는다. 적응도 안 되는 이 대학을 졸업할 때까지 다녀봤자 득이 되는 것이 없는데 계속 다닐 것인지, 지금이라도 그만두고 재수할 것인지, 더 다니다가 편입할 것인지 고민한다. 마음이 잡히지 않으니 현재에 충실할 수가 없다. 당장 뭘 해야 하는지 몰라서 늘 멍하니 앉아있는 것이다.

세찬이 역시 이들처럼 자신은 패배자라고 생각한다. 고등학교 3년 동안 치열하게 노력하지 않았기에 지금 이 학교에 들어온 것은 당연한 결과라고 생각하면서도 현실을 받아들이기가 싫다. 그냥 무덤덤하게 살며 스스로에 대한 실망스러운 기분을 느끼는 것은 이미 습관화되었다.

세찬이의 생각에는 앞으로 펼쳐질 대학 4년 역시 이러저러하게 흘러갈 뿐, 출구 따위는 없을 것 같다. '학교, 학과에 불만을 가지다가 연애라도 하면 그건 잊힐 것이고, 군대에 갔다 오면 성적 잘 받으려고 공부에 좀 매달렸다가 여유 되면 어학연수도 갈 것이다. 그러다가 그저 그런 회사에 취직하고, 결혼도 하겠지. 인생이 뭐 그렇지'라는 생각을 갖고 있다.

세찬이는 '삶은 어차피 지루한 고통의 연속이고 견뎌야 하는 어떤 것일 뿐'이라는 말을 되뇌었다. 그런데 애늙은이 소리 같은 이 말이 오히려 자신도 열정을 갖고 싶고, 살아있는 것처럼 살고 싶다는 외침으로 들리는 건 왜일까?

나는 세찬이에게 살면서 열정적이었을 때가 언제였는지, 그때는 어떻게 그럴 수 있었는지 물었다. 이것은 대입 실패라는 아픔 때문에 마음의 문을 닫아버린 학생들에게 꼭 묻는 질문이기도 했다. 겉으로는 대개 대입 실패 자체가 문제인 것 같지만, 그 질문을 깊이 파고들면 정작 어릴 때부터 형성된 '공부 열등감'으로 자존감이 심하게 망가진 게 그러한 심리적 상태의 더 큰 원인이라는 것을 깨달았다.

세찬이는 기억을 더듬어 초등학교 5학년 때《공부 9단, 오기 10단》이란 책을 선물 받았던 일을 이야기했다. 당시에는 한참 자기주도학습 열풍이 불었고, 그 책은 베스트셀러 도서였다. 저자의 공부법과 학구열이 치열하게 기록되어 있어서 많은 10대들의 가슴을 뜨겁게 하며 책상 앞으로 불러들일 정도로 인기가 좋았다.

세찬이 역시 어린 마음에 그 책을 읽고 굉장한 자극을 받았고, 자신도 치열하게 공부하고 싶다는 열정으로 불타올랐다. 글쓴이처럼 민족사관 학교에 들어가기 위해서 치열하게 공부하고, 진학 후에도 잔인할 만큼 공부에 몰두해서 꿈을 향해 한걸음씩 다가가고 싶었다. 그때까지 세찬이는 막연하게 '공부는 해야 하는 것'이라고 생각했고, 되고 싶은 무언가도 없었다. 그러나 글쓴이의 경험 이야기가 자신에게 새로운 길을 제시해주는 것 같았다. 그래서 자신도 더 높은 목표를 추구하며 열정적으로 공부하는 삶을 살기로 했다.

세찬이는 글쓴이의 공부법을 무작정 따라했다. 결과는 놀라웠다. 초등학교 5학년 때 모든 시험에서 만점을 받았던 것이다. 스스로도 믿기지 않을 만큼 기뻤고, 감동적인 이 경험은 중학생이 된 뒤에도 계속 영향을 미쳤다.

세찬이는 의사가 되고 싶다는 꿈이 생겼고, 특목고에 가고 싶었다. 그래서 중학교 2학년 때까지 고등학교 수학·과학 과정을 모두 끝냈다. 중학교 3학년 때는 과학고등학교를 목표로 진학 준비를 하면서 누구보다 열심히 공부했다. 그러나 결과는 낙방이었고, 불행은 거기서 그치지 않았다. 과학고등학교에 떨어지고 나니 당시 그가 살고 있는 지역의 인문계 고등학교들 또한 지원이 초과된 상황이어서 공업고등학교에 진학할 수밖에 없게 된 것이었다.

어이없는 그 상황을 해결해야 했고, 공업고등학교는 진학하기 싫어서 통학시간이 한 시간이나 되는 다른 지역의 고등학교에 진학하기로 결정했다.

공부 의욕이 남달랐던 세찬이에게 이 상황은 뼈아픈 실패였고 믿기 싫은 현실이었다. 설상가상으로 사랑하는 할머니마저 세찬이가 고등학교에 입학하기 직전에 돌아가시면서 더 큰 심적 충격을 받았다.

"그때가 제 인생에 가장 처음 맛본 큰 실패였어요. 목표가 뚜렷했던 중학생 때에 비해 고등학생 때는 완전히 달랐어요. 하루하루 주어진 숙제에만 바빴고, 공부의 의미를 잃어버렸죠. 어쩌면 그렇게 3년을 보냈으니까 대학 입시 실패는 당연한 수순이었는지도 모르죠."

고등학생 때 세찬이는 공부에 대한 열정이 식었고, 무기력하고 소극적으로 변했다. 끊임없이 자신을 자책하며 하루하루를 무의미하게 흘려보냈다. 심지어 집 근처에서 중학생 때 친구라도 만날까봐 겁이 나서 밖에도 잘 나가지 않았다.

세찬이와 이야기를 나누면서 세찬이는 대입 실패의 아픔 이전에 고등학교 입시 실패에서의 상처가 감정적으로 수습되지 않았다는 사실을 알 수 있었다. 누구보다 열심히 했는데 실패했다는 충격이 열등감으로까지 이어졌고, 과거의 영광에만 집착하면서 현실을 계속 부정한 것이었다. 고등학생 시절부터 대학생이 된 지금까지 이런 태도는 세찬이를 무척 나약하게 만든 것이다.

"저 스스로 공부에 대한 열정이 사라진 원인을 알고는 있었어요. 하지만 그것과 직면하지 못했어요. 받아들이고 인정하기는커녕, 아니 반항하고 거부할 용기도 없었어요. 그냥 '그까짓 일'이라고 생각하며 넘어가는 게 좋다고 생각했죠. 그때 가족과 친구들이 '의연하다', '안됐다'고 했는데, 그 말을 들으며 제가 진짜 마음이 정리된 줄 알았어요. 사실은 너무나 힘들고 세상이 무너진 듯한 기분이 들었는데…… 저 자신조차도 그런 아픔을 무시했던 거죠."

한발 떨어져서 보면 특목고 입시 실패는 아무것도 아닌 일이라고 위로할 수 있겠지만, 당시 열여섯 살인 세찬이에게는 세상이 무너지는 일이었을 것이다. 공부 잘하던 중학생에게 시험과 공부는 세상의 전부였을 것이고, 한 번도 실패를 겪어보지 못했다면 그 일로 하늘이 무너지는 것 같은 아픔을 느꼈을 테니 말이다. 실패를 극복하기는커녕 현실을 똑바로 인정하는 것조차 어려웠을 만하다.

있는 그대로의 나를 인정하기

원인과 해결 방법은 알지만 선뜻 손대지 못하고 끝끝내 곪아터져 후회까지 하게 만드는 것, 이것이 열등감의 실체이다. 오래되어서 잊은 줄 알았던 마음의 상처와 충격을 꺼내서 자신부터 다독여주는 것이 그래서 필요하다. "너 힘들었구나. 그때 정말 상처가 컸겠구나." 하고 진심어린 위로를 스스로에게 건네보길 권한다.

그 다음에는 무엇을 해야 하는가? 스스로의 실패에 대해 감사하는 마음을 가져야 한다. 세상 사람들은 대개 실패를 낙오로 받아들인다. 그렇기 때문일까? 낙오의 딱지를 붙이지 않기 위해 실패를 피하려고 한다. 하지만 분명한 것이 하나 있다. 실패와 성공 모두 끝이 아니라는 점이다. 실패와 성공은 모두 과정일 뿐이며, 우리는 다음을 향해 실패했든 성공했든 계속 나아가야 한다.

세찬이의 경우에는 무언가에 굉장한 열정을 쏟았고, 열정을 불태우는 것의 행복을 알고 있다. 그것은 큰 자산이다. 또한 세상이 무너진 것 같은 실패를 남들보다 일찍 겪어서 실패 후에도 다른 길이 펼쳐진다는 사실마저 잘 알고 있다. 이제는 시련이 닥쳐도 쓸데없는 방황을 반복하거나 자신에게 부끄러운 선택을 하지 않을 수 있다. 좌절에 대한 내성이 생겼다는 것은 성공할 가능성을 몇 배로 높여준다. 그러므로 이제는 열심히 공부했지만 실패한 것에 대해서 감사해야 한다.

이러한 과정을 통해 이미 자신 안에 형성된 열등감과 제대로 싸워서 이겨보고 싶다는 승부욕이 샘솟는다면 절반은 성공한 것이나 다름없다.

열등감이란 '초심으로 돌아갈 수 있는 힘'을 준다. 처음으로 돌아가 자신을 차근차근 점검할 수 있게 해주고, 풀어진 마음을 다시 조이게 한다. 좌절을 맛보거나 자신에게 실망하는 일이 생긴다 해도 열등감을 기반으로 일어설 수 있다.

초심으로 돌아가는 용기야말로 우리가 지닐 수 있는 가장 큰 힘이다. 용기와 배짱을 가지자. 초심으로 돌아갈 수 있다면 얼마든지 행복한 인생을 설계하고 실현시킬 수 있다. 더 없이 좋은 성공의 출발점에 서는 것이다. 용기 있는 사람들은 자신의 실패를 외면하지 않는다. 실패를 인정하지 않는 사람들은 자신의 후회를 인정하고 싶지 않기에 본인 스스로에게 최면을 거는 것이다. 결국 자신을 높이고, 과시하고, 허영을 부리는 것은, 마음이 허기져서, 불안해서 하는 행동이다.

늦은 후회란 없다. 이전에는 보이지 않던 길을 발견한 것일 뿐이다. 필요한 것은 그 길로 나아가겠다는 결심과 어려움을 극복하겠다는 용기다. 열등감이 다시 도전하거나 새로운 길을 찾을 준비를 하도록 도와줄 것이다.

열등감을 잘 활용하면 어마어마한 힘을 얻을 수 있다. 공식은 간단하다. 열등감을 피하지 말고 바로 보자. 성공한 자신의 모습을 그리며 분명한 목표를 세우고, 자신의 긍정적인 부분을 찾아 칭찬하고, '완벽한 나' 대신 '있는 그대로의 나'를 추구하자. 이런 과정을 통해 열등감은 충분이 극복할 수 있다. '열등감의 극복'은 곧 '성공'의 다른 이름이다.

부자놀이
포커페이스

《부자 아빠 가난한 아빠》라는 베스트셀러 도서가 있다. 이 책의
제목만 듣고도 많은 아빠들이 경악했다. '요즘 아이들은 아빠를
부자 아빠와 가난한 아빠로 나누는구나.' 하면서 맥이 다 풀렸다.
장래 희망이 '건물주'라는 초등학생이 나오는 것을 보면 경제력에
대한 열등감도 높아지고 있다는 것을 알 수 있다. 소위 '집안이 빵
빵한 친구들'과 비교하면서 선량하고 소박한 것에 만족하며 살아
온 자기네 부모님을 원망하게 되는 것이다.

지성이는 학구열이 높다고 소문난 도시로 중학교 3학년 때 전학
을 갔다. 좋은 학군을 찾아서 간 것이 아니라 아버지의 발령 때문
에 급하게 한 이사였다. 자연스럽게 그쪽 지역 고등학교에 입학하
게 되면서 그는 이상한 현실과 만나야 했다.

지성이가 이사 간 곳은 예전에 살던 동네와 다를 바가 없었다. 그러나 바로 옆 동네만 가더라도 분위기가 영 딴판이었다. 부모님이 모두 전문직에 고가의 아파트가 즐비했다. 이를 대수롭지 않게 생각했는데, 가만히 보니 자기 동네에 사는 친구들과 옆 동네 잘사는 친구들로 파가 나뉘어져 있었다. 소위 '개발이 안 된 지역'에 사는 파가 된 지성이는 옆 동네 친구들이 장난으로 "저 개발 동네에 사는 애로구나!"라고 놀린 것에 충격을 받았다. 그래서 같은 동네에 사는 친구들끼리 패밀리를 만들어서 그들과 대항하기도 했다. 그렇다고 큰일이 일어나거나 불미스러운 일이 있었던 것은 아니다. 지성이는 옆동네 아이들과도 두루두루 잘 지내고 있었다. 그러나 등하교를 하면서 자기 동네와 옆 동네 아이들이 나뉘어 횡단보도 앞에 서 있다가 신호가 바뀌고 서로 다른 길로 갈 때면 자주 이상한 기분에 휩싸였다.

"내가 이 동네에 사는 것은 내 뜻도 아니고, 옆 동네 잘사는 친구들 역시 자기 뜻에 따라 잘살게 된 것이 아닌데, 왜 저들은 저렇게 당당하고, 나는 놀림 받으며 부끄러워해야 하는지 그 이유를 자주 생각했어요."

경제력에 대한 열등감은 지성이의 일상 속에 뿌리 깊게 배이고 말았다. 지성이가 굳이 의식하지 않으려고 해도 친구들이 하는 말한 마디, 행동 하나에도 늘 촉각이 곤두섰다. 특히 옆 동네 친구들이 방학 때 해외여행을 다녀왔다는 얘기를 개학날 할 때나 어디에서 몇십 만 원짜리 옷을 샀다는 이야기를 아무렇지 않게 할 때, 얼마짜리 과외를 새로 추가해서 받는다는 얘기를 할 때, 자신은 이름도 모르는 고급 브랜드에 관한 정보를 그들끼리 서로 나눌 때 소외받는 기분을 느꼈고, 자신은 아무런 대꾸도 할 수 없으니 비참했다.

그래서 일부러 기죽지 않으려고 그 친구들과 있을 때 유독 돈을 더 썼다. 열등감이 드러날까봐 비록 이쪽 동네에 살지만, 형편이 나쁜 것은 아니라는 것을 알아달라는 듯이 말이다. 친구 사이에 PC방이나 편의점에서 쉽게 1,000~2,000원을 빌릴 수 있는 일인데도 한 번도 그렇게 하지 않았다. 그 친구들이 돈을 빌리면 지갑을 깜빡하고 놓고 온 것 같지만, 자신이 돈을 빌리면 없어서 그러는 것처럼 보일 것 같았다. 지갑을 놓고 온 날 저녁은 아예 굶었고, 돈이 드는 취미활동 자체를 하지 않았다.

심지어 다른 친구가 뭘 사준다고 해도 거절했다. 그 친구들이 받으면 그냥 받는 것이지만, 자신이 받으면 돈이 없기 때문에 받는 것 같았다. 이런 증세가 심해지니 다른 사람에게서 그 어떤 도움도 받으려 하지 않았다.

친한 친구들은 이것을 눈치 채고 지성이의 자존심을 건드리지 않으려고 조심했지만, 때로는 너무 예민하게 군다고 충고를 하기도 했다. 그래도 지성이의 태도는 달라지지 않았다. 지성이는 그 친구들의 아빠는 은행 지점장, 대학 교수, 의사, 변호사이지만 자신의 아빠는 평범한 회사원이니까 이렇게 할 수밖에 없다고 생각했다.

그것이 동력이 된 것일까? 지성이는 공부를 치열하게 했다. 고등학교 3학년 때는 새벽까지 학교와 독서실에서 공부하고, 버스 타면 졸까봐 일부러 집까지 외운 내용을 중얼중얼하면서 두 시간씩 걸었다.

잘살고 성공한 사람이 되고 싶어서라기보다, 공부가 좋아서라기보다 "가난해서 공부 못한다", "비싼 과외를 못 받아서 성적이 저렇다"는 말을 듣기가 싫어서였다. 그 친구들과 출발선이 다르다는 것을 티내고 싶지 않은 것은 물론이고, 스스로도 인정하기 싫었다.

또 지성이가 열심히 공부를 한 데에는 부모님의 영향도 컸다. 지성이의 부모는 심하게 '공부, 공부' 하며 압박하는 편에 속했다. 다른 많은 부모들처럼 그의 부모 역시 경제적 열등감이 심해서였다. 그들은 공부를 잘하면 좋은 직업을 가지고 돈을 잘 벌고 잘살 수 있으며, 좋은 조건을 가진 사람과 결혼하고 결국에는 행복해질 수 있다고 아들에게 자주 강조했다.

이를 듣고 자란 지성이 역시 좋아하거나 하고 싶은 일보다는 성적을 올려서 부모님의 기대치에 부응하는 것이 효도라고 생각하였다. 결과적으로 성적이 좋았던 지성이는 제법 괜찮은 대학에 합격했다.

그러나 입학 후에 지성이의 경제적 열등감은 더 심해졌다. 학비가 너무 비싸서 가정형편이 더 어려워진데다가 잘사는 친구의 비율이 고등학생 때보다 더 높았기 때문이다. 물론 지성이는 고등학생 때와 다르게 이제는 누가 밥을 사준다고 하면 고맙게 얻어먹고, 친구들이 비싼 브랜드 얘기를 해도 아무렇지 않았다. 하지만 이것은 열등감이 극복되어서가 아니라 더 깊은 곳에 마음을 숨길 줄 알게 되었기 때문이다.

"친구에게 얻어먹으면 반드시 다음에 그 이상으로 사줘야 마음이 편안해져요. 또 명품을 좋아하는 친구들을 속으로 비웃으며 위안을 삼죠."

지금도 지성이는 친구들 앞에서 돈이 없는 티를 내지 않으려고 먹는 것과 입는 것, 행동 하나까지 조심한다. 그러다 보니 친구들에게 '속을 잘 털어놓지 않는다', '저 친구는 무슨 생각을 하는지 모르겠다'는 소리를 종종 듣는다.

지성이처럼 우월감을 느끼려고 하는 한 열등감에서 자유로울 수 없다. 우월감을 갖고 있는 한 열등감을 가질 수밖에 없다. 우월감은 남들에게 잘 보이기 위해 스스로를 과도하게 부풀리거나 온갖 것들로 잘난 체할 수밖에 없게 만든다. 그러다 보니 자연적으로 목에 힘이 들어간다. 허세를 부리고 거짓말하며 잘난 척하고 다니게 된다. 신체 부위마다 '뽕'을 넣고, 걷기 힘들 정도의 키높이 구두를 신고, 온갖 성형으로 자신을 감춘다.

그래서 '열등감의 힘'이란 대단하다.

열등감은 물과 같다. 누가 먹느냐에 따라 약 혹은 독약이 된다. 똑같은 물이지만 소가 마실 때 우유가 되고 뱀이 마시면 독이 되듯 말이다. 또 열등감은 칼과 같다. 누구 손에 잡히느냐에 따라 결과는 다르다. 시퍼런 칼날도 주방장의 손에 잡힐 때에는 맛있는 요리가 준비되지만, 범인의 손에 잡힐 때에는 사람을 죽이는 흉기가 된다.

열등감은 사람을 죽이기도 하지만, 행복한 사람으로 만들어주기도 한다. 열등감은 어떤 사람에겐 성공하고 출세시키는 놀라운 마법이 된다.

즐기는 자는 가난도 즐긴다

등록금까지 혼자 힘으로 해결해야 하는 대학생이 늘고 있다. 그들에게 심리적으로 가장 먼저 치고 나오는 감정은 두려움과 불안이다. 그들은 '남들이 자신보다 더 좋은 조건에 있다'라고 생각하는 등 자신에 대한 온갖 두려 움을 산처럼 쌓아놓는다.

좌절한 마음은 여러 가지 형태의 폭력으로 나타난다. 미리 한계를 설정하고, 경제적·신체적으로 남보다 부족한 자신에 대해 변명하게끔 강요한다. 그것이 우리를 얽어매는 족쇄가 된다. 결국 친구들에게 속 시원하게 고민을 털어놓고 말하기조차 두렵다. 모두가 경쟁 상대로 보이기에 어떤 이야기조차 꺼낼 수가 없어 편안한 대인관계를 유지하기도 힘들다. 친구를 사귀려면 성격을 포장할 수밖에 없는 것이다.

그래서 열등감을 자기발전의 힘으로 충분히 활용하되, 자신을 가두는 족쇄로 작용하고 있지는 않은지 계속 체크해야 한다. 열등감을 극복하려고 했던 행동들이 자신을 포장하는 쪽으로 지나치게 치우칠 수 있기 때문이다. 이것이 심해지면 앞서 성격이 부정적인 쪽으로 왜곡될 수 있다. 그래서 경제적 열등감을 자아실현의 원동력으로 충분히 활용하되, 밝은 마음은 유지하는 것이 중요하다.

2002 월드컵의 영웅이자 족집게 해설자로 변신한 이영표 전 국가대표 축구 선수는 "천재는 노력하는 자를 당할 수 없고, 노력하는 자는 즐기는 자를 이길 수 없다"고 했다. 10년 하고도 수년간 굵직굵직한 국제무대에서 선수로 뛰면서 겪은 자신의 경험과 수많은 세계적인 선수를 지켜보면서 깨달은 사실이다.

'나는 성공해야 한다!'는 생각을 품고 노력한다면 약발이 오래가지 못한다. 자신의 행복까지 망가뜨리면서, 때로는 다른 사람 앞에서 가면을 쓰며 아등바등 살고 싶은 사람은 없을 것이다. 고등학생 때까지 열등감을 이기기 위해서 이 악물고 공부했다면, 이제는 공부를 즐길 줄 알아야 한다. '나는 돈이 없어서 더 열심히 해야 해. 친구들에게 무시당하면 안 돼.' 하는 마음으로는 성장하는 데에 한계가 있다.

성장을 위해서 마인드를 한 단계 업그레이드 해보자. 미래가 불안해서 가슴이 답답할 때마다, 성적이 생각보다 잘 나오지 않아서 풀이 죽을 때마다, 이미 출발선이 다른 친구들 앞에서 기가 죽을 때마다 아래의 글귀를 되뇌어보자.

"있는 자는 노력하는 자를 당할 수 없고, 노력하는 자는 즐기는 자를 이길 수 없다. 나는 진정으로 즐기고 있는가? 그렇다면 뭐가 두렵지? 그깟 돈 몇 푼에 내 성격과 행복을 망가뜨릴 필요가 있나? 나는 내 길을 간다. 앞만 보고 달린다. 나는 즐긴다. 고로 나는 성공한다!"

환상의
슬픈 관종關種

눈을 뜨자마자 제일 먼저 하는 일이 무엇인가? 대부분 스마트폰 체크라는 말을 어렵지 않게 할 것이다. 스마트폰이 옆에 없으면 초조해지는 'SNS 중독 환자들'이 많이 늘었다. SNS에 중독되는 이유는 비교적 쉽게 떠오를 것이다. 그러나 그 이면에서 망가지고 있는 자신의 자존감은 들여다보기가 쉽지 않다.

희나는 졸업을 코앞에 앞두고 고민이 많다. 이제까지 아르바이트는 다양하게 해보았지만, 취업은 그런 것과는 사뭇 다를 것 같고, 또 취업을 생각하면 막막한 기분이 너무 크다. 가장 큰 고민은 아직 자신은 무엇을 할지 정하지 못했다는 것이다.

오히려 대학 2~3학년 때까지는 하고 싶은 게 있었는데, 졸업이 다가올수록 하고 싶은 것이 보이지 않는다. 어쩌면 이는 점점 현실을 인지하고 있다는 뜻인지도 모른다. 본격적으로 취업준비를 하면서 자신의 수준으로 갈 수 있는 회사가 눈에 보였고, 그런 현실 때문에 너무 속상해진 것이다.

지금까지 자신은 무엇을 했는지, 왜 이 정도의 재능밖에 타고나지 못했는지, 우리 집은 왜 경제력이 이것밖에 안 되는지 싶어서 가슴만 답답했다. 고민한다고 해결될 일이 아닌데도 막상 가슴이 답답해서 해야 할 일에 집중하기도 어려웠다.

희나는 취업 스트레스 때문에 최근 6개월 동안 몸무게가 10킬로그램이나 불었다. 살이 찌니 사람도 만나기 싫었다. 뿐만 아니라 친한 친구마저 취업해서 자신과 고민을 나눌 사람이 사라졌다. 취업준비를 하는 학과 동기들과는 자주 만나지도 못하고, 어쩌다 만나게 되어도 서로 데면데면했다. 너무나 외로웠다.

가족들이 보기에 언젠가부터 희나에게 이상한 증세가 생겼다. SNS에 심각하게 중독된 것이다. 희나가 누구에게도 털어놓을 수 없는 불안감에 휩싸인 어느 날, 자신의 심정을 SNS에 처음 올렸다. 순식간에 얼굴도 모르는 많은 이들이 자신을 지지해주고 위로해주었다. 놀라운 경험이었다.

현실에서 누구에게도 받지 못한 위로를 받자 희나는 다음 날부터 눈을 뜨자마자 자신의 모든 일상을 SNS에 기록하고 공개하며 그 반응을 기대하면서 하루를 다 보내게 되었다. 그 의존도는 점점 더 심해졌다.

SNS상의 친구들에게 칭찬과 위로를 받을수록 희나의 외모는 물론이고, 일상생활 자체에도 점점 거짓말이 보태졌다. 우선은 자신의 옛날 사진을 공들여 보정해서 올려 실제와는 엄청나게 다른 모습을 연출했다. '좋은 회사에서 러브콜을 계속 받고 있는데 어떻게 결정을 해야 할지 모르겠다', '새로운 공부에 도전하고 있는데 어렵다', '머리 식힐 겸 여행지에서 여유를 누리고 있다' 등등의 내용은 마치 소설 같았다.

누가 봐도 희나가 올리는 자신의 일상에 대한 내용은 부러워할 만했다. 현실세계와 가상세계의 자신 사이에서 갭이 벌어질수록, 아이러니하게도 가상의 친구들은 더 늘어났고 호응을 보냈다. 그래서 재미로 시작한 이 게임은 이제 멈출 수가 없었다.

식구들은 밥을 먹거나 화장실을 갈 때조차도 스마트폰을 손에서 놓지 않고, 하루 종일 컴퓨터 앞에 앉아있는 희나의 모습에 치를 떨었다. 집안 분위기를 희나가 다 망치고 있는데도, 희나는 아랑곳하지 않고 계속 자기세계에 빠졌다. 현실에서 친구들이나 가족과는 자연스럽게 점점 더 멀어졌다. 결국 희나는 자기 스스로를 통제할 수 없는 지경에 이르러서야 가족들의 손에 이끌려 강제적으로 치료를 받아야했다.

꿈은 움직인 만큼 이루어진다

청춘의 자존감은 어디에서 오는 것일까? 청춘의 자존감은 책임감으로 자기 자신을 얼마나 움직일 수 있는가에 달렸다. 책임감이 없는 사람은 인간관계를 어지럽히거나 상대방을 불편하게 만든다. 또 겉으로는 멀쩡해 보이나 속을 들여다보면 비굴함이 가득하다. 반면 책임감이 강한 사람은 누구나 다 그를 신뢰하고 주어진 일을 포기하거나 미루지 않는다.

사람은 자신이 되고 싶은 모습을 머릿속으로 그리면서 행복해한다. 그럴 때면 마치 실제로 그렇게 된 것 같은 착각마저 들기도 한다. 이와 함께 현실의 초라한 모습을 계속 외면하고 싶어진다. 나약하고 주눅 든 내면과도 당분간은 만나기 싫다. 가능하면 열심히 꿈만 꾸면서 행복하게 살고 싶고, 원래부터 좋은 환경에서 좋은 유전자를 타고나 '우월족'으로서 뽐내며 살고 싶다. 그런 면에서 상상놀이에 빠져 자신의 본래 모습을 자꾸만 외면하는 희나의 모습은 낯설지 않다.

사실 이상적 자아를 머릿속으로 그리는 것만큼 신나는 일도 드물다. 자신의 바라는 모습이 명확해지면 더욱 자신감이 생기고 의지가 샘솟는다. 그러나 되고 싶은 자신을 생생하게 그린다고 당장 현실화되지는 않는다. 나의 실제 자존감도 올라가지 않는다. 오히려 현실보다 되고 싶은 모습을 상상하는 데 더 집중한다는 것 자체가 자존감이 낮아서 생기는 증세라고 볼 수 있다. 자신감과 자존감이 높아야 자신이 원하는 바를 당당하게 이룰 수 있다. 자존감은 꿈을 성취하는 데 동력이 된다. 제대로 된 동력이 마련되지 않았는데 꿈만 생생하게 꾸면 어떻게 되겠는가?

꿈꾸는 것을 머릿속에 그리기만 하면 마치 다 이루어진 것처럼 착각하게 만드는 방법이 자기계발 방법인 양 유행하는 것을 보았다. 그것을 맹신하는 청춘들에게 고하고 싶다. 꿈만 꾸면 현실은 겨우 2퍼센트만 채워질 뿐이라는 것을, 그리고 자존감이 낮은 상태에서 꾸는 꿈은 말 그대로 꿈일 뿐이라는 것을, 그래서 말뿐인 약속을 그만하라고.

약속은 일종의 계약이다. 믿음을 바탕으로 상호 간에 의무를 충실히 수행하겠다는 의미다. 그러나 많은 사람들은 마치 로또복권을 구입하는 것처럼 꿈과 약속을 한다. 숫자를 상상하고 로또용지에 적는 것만으로는 꿈이 이루어질 리가 없는데, 이를 외면하고 숫자를 적어놓는 것만으로 행복에 당첨이라도 된 듯 기뻐한다.

세계적인 발레리나이자 꿈 멘토인 강수진은 엄청난 꿈을 가졌으면서도 대충 사는 사람을 절대 이해하지 못한다고 했다. 그러면서 그녀는 "꿈은 명사가 아닌 동사다"라고 말했다. 그렇다. 꿈이야말로 열정적으로 움직이는 만큼 얻을 수 있다. 그러니 앉아서 상상하고 생각하는 것이 아니라 피와 땀과 눈물로 꿈을 향해 행동하는 청춘이 많아졌으면 좋겠다.

불행의 덫에서
빠져나오려면

몇 년 전 정릉 터널 속에서 차량 화재가 난 적이 있었다. 어떤 사람은 멀리서부터 이상 신호를 파악하고서 진입하다 말고 차를 내버려두고 그냥 걸음아 날 살려라 도망쳤고, 어떤 사람은 그 와중에도 비싼 차를 포기하지 못해서 차를 돌려 나오거나 앞으로 돌진해서 빠져나갈 방법을 궁리했다.

그런 사고가 났을 때는 순간적인 판단력이 중요하다. 아무리 귀한 차도 목숨과 맞바꿀 수는 없기 때문이다. 사실 위기의 순간에 자동차가 무슨 소용이 있고, 남들 눈을 의식해서 뭐하겠는가?

자, 당신이 사고가 났는데 캄캄한 터널 속에 있다. 어떻게 하겠는가? 자신이 낼 수 있는 전속력으로 탈출하는 수밖에 없다. 때로는 가진 것을 버리고 나와야 할 수도 있다. 빛이 보이는 방향으로 뒤도 돌아보지 말고 달리면서 말이다.

소영이는 부유한 집안에서 외동딸로 태어났다. 큰 식당으로 성공하신 그녀의 부모님은, 당신들은 힘들게 돈을 벌었지만 딸만큼은 돈 걱정 없이 하고 싶은 것을 하며 살게 해주고 싶었다. 어릴 때부터 무용에 소질을 보여 발레를 배우기 시작한 소영이는 유명한 예고를 다니고 있다. 발레리나를 꿈꾸는 그녀의 삶은 누가 보아도 부러움 그 자체였다.

그러나 핑크빛 날들만 펼쳐질 것만 같던 소영이의 인생은 하루아침에 반전되었다. 아버지가 돌아가신 것이다. 음식점으로 돈을 벌자 여러 사업에 손을 대면서 빚을 많이 떠안게 된 아버지의 사인은 심장마비였다.

소영이를 비롯한 남은 가족들은 슬픔을 채 추스르기도 전에 집과 식당이 경매로 넘어갔고 생활비를 걱정해야 하는 처지가 되었다. 그 와중에 어머니마저 충격을 받아 앓아누웠다. 집안은 마치 드라마에서나 있을 법한 일들로 쑥대밭이 되었다.

고2 겨울방학 때 벌어진 일련의 일들로 소영이는 무용학과 입학은커녕 고등학교도 겨우 졸업했다. 하루아침에 빚 독촉에 시달리는 가장이 된 그녀는 온갖 아르바이트를 전전했다.

아무런 기술이 없는 스무 살짜리가 할 수 있는 아르바이트는 뻔했다. 소영이는 편의점 점원, 음식점 서빙, 백화점 점원, 텔레마케터 등등을 하며 열심히 일했지만 이자에 엄마의 병원비와 생활비까지 감당하기가 너무 어려웠다.

소영이는 무용학과에 입학하지 못한 것보다, 아르바이트로 손발이 퉁퉁 붓는 것보다, 세상에서 고립되는 것이 더 슬펐다. 누구보다 귀하게 자랐던 자신이 두세 건의 아르바이트를 전전하며 밤낮없이 일하는 모습을 친구들에게 보여주기도 싫었지만, 대학생이 된 친구들과는 일상도 고민도 처지도 통하는 것이 아무것도 없었기 때문이다. 세상 누구와도 소통할 수 없다는 생각에 빠져 정신을 차릴 수가 없었다.

외로움과 원망이 뒤섞인 채 시간은 흘러갔다. 소영이는 낮에는 미친 듯이 일을 하고 밤이 되면 그런 현실을 도저히 받아들일 수가 없어 눈물로 지새우는 날이 많았다. 숱하게 대학 타령, 잘살던 시절 타령, 무리한 사업으로 빚만 남기고 간 아버지에 대한 원망, 사회에 대해서는 아무것도 모르는 엄마에 대한 원망을 털어놓았지만 달라지는 것은 하나도 없었다.

이런 시련에 시달리며 꼬박 3년이 지났을 때 소영이는 비로소 현실을 받아들였다. 더 이상 울지 않고, 원망도 하지 않기로 했다. 그리고 살기 위해서는 어떻게든 돈을 벌어야 하며, 아버지가 자수성가했듯이, 비록 발레리나로는 아니어도 성공해야겠다는 생각이 들었다.

그리고는 아르바이트로는 감당할 수 없는 생활비 마련과 빚을 갚기 위해 작은 국수집을 차렸다. 말이 국수집이지 재료비가 적게 드는 장사를 생각하다가 시작한, 겨우 3평짜리 구석진 자리에 마련한 가게였다.

소영이의 가게는 지난 10년 동안 3평에서 10평, 20평, 30평으로 늘어났다. 평생 갚을 수 없을 것 같았던 빚도 7년 만에 다 갚았다. 그녀는 빚을 다 갚은 그날이 인생에서 가장 기뻤던 날이라고 했다.

이제 30대가 된 그녀는 또래 친구들과 고민의 차원도 꿈의 크기도 다르다. 그녀의 친구들은 사회생활이 아직 익숙하지 않은데다가, 자신의 꿈이 무엇인지도 제대로 모르고 작은 시련에도 심하게 우울해한다.

"물론 저는 아직 부자도 아니고, 성공한 사람도 아니에요. 하지만 제 자신이 자랑스러워요. 너무나 힘들었던 20대를 무사히 건너온 것이 정말 다행이죠. 나 자신에게 고맙다고 자주 이야기해요. 포기하지 않는다면 어떤 상황에서도 일어설 수 있다는 것을 배웠어요."

"인내는 쓰고, 열매는 달다"라는 말이 있다. 이 말을 다른 말로 바꾸면, "열등감은 쓰고, 그 열매는 행복하다"로 바꿀 수 있다. '열등감'은 행복으로의 초청장이다. 당신은 그 초청장을 몇 장이나 손에 쥐고 있는가? 초청장의 수에 따라 행복지수도 달라진다는 것을 상상해보라. 한 장뿐인 초청장이라면 한 번의 행복을 누릴 수 있고, 두 장의 초청장을 거머쥐고 있다면 당신은 두 배의 행복을 맛볼 것이다. 그렇다면 세 장의 초청장을 갖고 있다면 과연 몇 배의 행복을 누릴 수 있을까? 이 글을 읽는 독자의 수준에 따라 다른 삶을 살아갈 것은 뻔하다.

로또 1등 당첨 가능성은 벼락에 맞을 가능성보다 낮다. 이렇게 통계적으로 낮은 확률 게임에도 불구하고 인생역전을 바라며 매주 수백만 원어치의 복권을 구매하는 복권 중독자들이 수두룩하다. 그들에게 한마디 한다.

"인생역전을 꿈꾸는 여러분! 꼭 그렇게 로또 당첨만으로 인생역전을 꿈꾸다가 패가망신하지 마시오. 돈벼락을 꿈꾸며 불행한 삶을 선택하는 것보다 마음의 로또복권인 '열등감'을 극복하시오. 그러면 지금보다 훨씬 더 행복해지는 기쁨을 누리게 될 것이라오."

미국 대통령 프랭클린 루즈벨트의 영부인이자 인권운동가였던 엘리너 루즈벨트는 "누구도 당신의 허락 없이는 당신에게 열등감을 느끼게 할 수 없다"라고 했다. 열등감을 이해하는 데 이 말보다 더 분명한 말은 없다. 열등감도, 우월감도 내가 허락하지 않으면 결코 느낄 수 없는 감정이기 때문이다. 내 의지와 상관없이 상처를 일으키는 사건은 하루에도 수도 없이 일어난다. 하지만 그 모든 감정이나 사고 중 나와 직접적인 이해관계가 있는 것은 고작 한두 개에 불과하다. 일어나지도 않을 가능성도 높다.

그 상처를 나와 관련된 문제로 받아들일 것인가, 아니면 거부할 것인가는 전적으로 내 의지에 달렸다. 하찮은 일이지만 걱정하고 근심하다가 큰일로 생각하고 상처받기로 작정하면 나는 상처받을 수밖에 없다. 그러나 큰일이지만 상처는 무슨 상처냐며 웃기지 말라는 식으로 대처하면 그 일은 별것 아닌 해프닝으로 끝난다.

성공한 사람들은 젊은 시절에 남들보다 더 캄캄한 터널을 훨씬 오래 지났다. 일종의 인생수업, 시련수업이다. 그들은 이 시간을 잘 이겨냈다. 그리고 더 큰 사람으로 거듭난 것이다. 시련은 성공의 크기만큼 찾아온다고 해도 과언이 아니다.

누구나 살면서 몇 번은 캄캄한 터널을 만난다. 터널을 만났을 때 기억할 것은 딱 한 가지다. 캄캄한 터널은 무조건 빠져나와야 한다는 것. 빛이 비치는 출구를 향해 전속력으로 달려야 한다는 것이다. 그 빛이 너무 멀리 있어 도저히 닿을 수 없을 것 같더라도 말이다.

어떻게 시련에서 빠져나올 수 있을까?

발을 딛고 있는 현실에서 가장 최선의 선택을 찾아야 한다. 물론 그 선택은 만족스럽지 않을 수 있다. 너무나 보잘것없는 일부터 해야 할 수도 있다. 소영이가 부잣집 외동딸에 발레리나 지망생이었다는 과거를 완전히 잊었듯이 말이다. 그 기간이 생각보다 너무 오래 이어질 수도 있다.

"저는 ○○한 능력이 있었어요. △△한 사람이었지요"라는 사람들의 이야기를 종종 듣는다. 좋았던 과거에 매여서 더 나아가지 못하는 경우라 할 수 있다. '한때 좋았던' 과거의 내가 계속 생각 난다면 굳이 부정하지는 마라. 다만 과거의 나를 그대로 인정하고 그것을 사라지지 않게 하면서도 현재의 나를 바로 보는 연습이 필요하다.

다른 친구들을 바라볼 때도 그 친구들을 그대로 인정하면서 나의 모습을 바로 볼 줄 알아야 한다. 과거의 나는 과거의 나이고, 친구의 일은 친구의 일이다. 현재의 나는 무엇을 하고 있는지, 무엇을 할 수 있는지 바로 보아야 성공의 기회를 잡을 수 있는 것이다.

결단을 내리지 않으면 터널 속에 계속 갇히고 만다. 넋을 놓고 있으면 시간은 당신을 기다려주지 않고 마냥 흘러간다. 당신을 성장시켜주지도 않는다. 자신이 먼저 일어서야 주변 사람들도 힘을 실어주고, 동기를 부여해주며 용기를 불어넣어줄 수 있다. 어느 누구도 나의 자존감을 회복시켜주려고 발 벗고 나서지 않는다. 오히려 사람들은 자존감이 낮은 사람들을 뭉개는 일에 더 익숙하다.

스스로 적극적으로 행동할 수 있게 해준다는 점에서 시련은 매우 좋은 수업이다. "우리 삶에 만일 겨울이 없다면, 봄은 그다지 즐겁지 않을 것이다. 만일 우리가 때때로 역경을 경험하지 못한다면, 성공은 그리 환영받지 못할 것이다"라는 미국 최초의 여성 시인인 앤 브래드스트리트의 말처럼 말이다.

모든 것이 이미 갖춰져있어서 굳이 뭔가를 결정하고 시작할 필요가 없다면 얼마나 나태해지겠는가? 괜찮은 성과를 거두어도 시시하기만 할 것이다.

밤길을 걷고 싶은 사람은 없다. 하지만 그 길에서 벗어나기 위해서는 그 길을 걸어가는 수밖에 없다. 냉정하고 잔혹한 말처럼 들릴지 모르지만, 그것만큼 분명한 사실은 없다. 지름길을 찾는다거나 자동차를 빌려 속력을 낸다는 것은 부차적인 문제다.

시련은 더 큰 사람, 더 좋은 사람, 더 훌륭한 사람으로 거듭나도록 자신을 담금질하게 한다. 나약한 줄만 알았던 자신을 자기 생각보다 훨씬 강하게 만들어준다. 예기치 않게 시련이 왔다면 기꺼이 받아들이자. 시련을 기꺼이 수용할 때 희망의 빛을 발견할 수 있다. 그 빛 속에서 자신의 미래를 보자. 포기하지 않는다면 그 빛은 절대 꺼지지 않을 것이다.

인간관계
유리멘탈자

"혼자 지낸 시간이 길어서 혼자인 것에 훨씬 익숙해요. 혼자 생각하고, 혼자 정리하고, 혼자 결론 내리고, 혼자 실행하는 편이에요. 왜냐하면…… 다른 사람들이 저에 대해서 하는 말, 내 뒤에서 하는 행동에 상처받는 것이 싫거든요."

사람들은 흔히 "혼자가 편하다", "내성적인 성격이라 모임이 불편하다", "인맥을 늘리기 귀찮다"는 핑계를 많이 댄다. 이러한 생각을 가진 사람들은 생각보다 많다. 그러나 아무리 혼자가 좋다 해도 세상에서 혼자 살 수는 없다. 우리 중 누구도 '관계를 맺는 일'에서 벗어나기란 쉽지 않다.

아무리 사소한 일이라도 혼자서 할 수 있는 건 거의 없으며, 다른 사람들의 도움이 필요하다. 그러므로 목표에 더 빠르게 다가가고 잠재력을 충분히 발휘하려면 반드시 사람들과 관계를 맺어야만 한다.

8개월이라는 짧은 사회생활을 경험하고 다시 단순 아르바이트 전선에 뛰어든 진현이의 이야기를 들어보자. 그녀는 다른 회사로 옮기거나 다른 직종을 고민하는 것이 아니라 학교 다닐 때처럼 아르바이트만 여러 개를 하면서 살기로 결정했다. 자신에게 사회생활은 맞지 않으니, 가능하다면 앞으로도 미래 계획은 세우지 않기로 했다.

진현이가 말하기를 "사회생활에서 받은 상처가 너무 커서 힐링이 아닌 요양이 필요하기 때문"이라고 한다. 사회생활을 경험한 8개월 동안 그녀는 스트레스 때문에 신경성 위염, 편두통, 대상포진, 허리 디스크 등 젊은 나이에 온갖 병에 시달렸다.

"퇴근하고 침이나 링거를 맞으러 가는 것이 일상이었어요. 돈을 벌어서 병원에 다 갖다준다고 주변에서 말할 정도였어요. 사람들에게 맞추려고 노력하는 것에 이제 너무 지쳤어요."

8개월의 사회생활은 진현이를 소진시켰다. 이로써 단지 현재의 심신이 피로한 것이 아니다. 지금의 자리까지 올라오기 위한 과거의 노력과 앞으로 투자할 미래의 시간마저 빛을 잃어버린 것이다.

몸과 마음을 소진한 그녀 앞에 남은 것은 보상받지 못한 노력과 불투명한 미래다. 영화배우 겸 감독 찰리 채플린의 영화 〈모던타임스〉의 한 장면처럼, 진현이는 거대한 기계의 부속품이 되어 끊임없이 소진되다가 교체되기만을 기다리는 것 같았다.

진현이는 원래 자신의 내성적인 성격이 싫었지만, 혼자 하는 일을 하면 된다고 생각해서 대학생활 내내 인간관계에 대해서 크게 신경 쓰고 살지 않았다. 그러나 사회생활의 첫발을 딛고 나니 그것이 얼마나 짧은 생각이었는지 곧바로 깨닫게 되었다.

진현이는 영어를 좋아해서 막연하게 번역 일을 하고 싶었는데, 아무 이력이 없어서 그쪽 일을 구할 수가 없었다. 그래서 자기 생각에는 다소 비슷하다고 판단되는 국제교류 업무 분야를 지원하게 되었고, 한 회사에 합격했다. 영어를 활용해서 교류하는 일일 것이고, 앞으로 번역 일을 할 때 도움이 되지 않을까 하는 마음에서였다.

그러나 진현이가 일하면서 배워야 했던 첫 번째 기술은 비즈니스 영어도 아니고, 특수한 업무 기술도 아니었다. 그녀는 사내에서 30~40대 선배와 상사의 지시를 받고 요구를 들어주고, 나이 지긋하신 교수님들에게 일을 부탁하고 그들의 의견을 조율해주고 불만을 들어주며 상대하는 일이었다.

대인관계에 늘 서툴고 누군가에게 무엇을 부탁하거나 누군가의 요구를 거절하는 것을 끔찍하게 못하는 진현이에게는 출근시간부

터 퇴근시간까지 고문시간이나 다름없었다. 특히나 '어르신들'의 서로 다른 주장을 조율해야 하는 상황에서는 늘 '멘탈 붕괴'에 빠졌다.

모두 하나같이 자신을 못 잡아먹어서 안달이 나 있는 것 같았고, 자신에게 모든 문제를 해결하라고 따지는 것만 같았다. 억지 주장을 하는 사람들 앞에서 말은 못하고 울분이 쌓여서 스트레스를 받아 울화병이 도지고 만 것이었다. 그녀는 꿈이고 목표고 다 사라졌으니 조용하게 살고 싶다고 했다. 그녀의 나이는 이제 겨우 스물일곱이다.

홀로 있어도 세상은 다 연결돼 있다

'나는 도대체 무엇을 생각하며 무슨 생각으로 살고 있는 것일까?'를 곰곰이 생각해보라. 로댕의 '생각하는 사람'을 보다 보면 과연 그는 무슨 생각을 그리 깊이 골똘히 하고 있을까 하는 생각도 든다.

자존감은 상대방의 입장에서도 한번 생각하면 좀 더 쉽게 보인다. 산행을 할 때면 올라갈 때는 보이지 않았던 것이 내려올 때 보인다. 내 입장에서만 모든 것을 생각하고 판단하다 보면 자칫 자기도 모르는 사이에 자기중심적인 생각이나 이기주의에 빠질 수도 있다. 상대방의 입장에서 갈등과 대립의 원인을 생각할 수 있다면 문제의 답을 해소하는 느낌을 얻을 것이다.

대학생활 자체는 대인관계에 크게 신경 쓰지 않아도 해야 할 것만 알아서 잘하면 크게 문제가 되진 않는다. 팀 작업이나 동아리 활동에서 존재감이 떨어져도 크게 불이익을 받지는 않기 때문이다. 취업할 때 역시 이력서나 자기소개서에 대인관계가 서툴다는 것을 적지는 않으므로 '서툰 인간관계'는 별 문제가 되지 않는다.

인간관계가 본격적으로 문제되는 시점은 사회생활을 시작한 이후다. 학교라는 안전한 울타리를 벗어나고 사회인이 되는 순간, 모든 것은 관계로 이루어진다. 아무리 회사를 다니지 않고 아르바이트만으로 생계유지가 가능하다고 하더라도 나이가 들면 수많은 관계 속에서의 갈등과 어차피 만나게 된다. 회사생활은 그중의 일부일 뿐이다.

진현이의 경우처럼 현대의 우리 사회에서 인간관계로 인해 끔찍할 만큼의 고통을 받는 젊은이들이 부쩍 늘었다. 아예 차라리 혼자가 편하다고 말하며 사는 이들도 많다.

인터넷과 스마트폰만으로 충분히 잘살 수 있어서일까? 과거에 '오타쿠'나 '덕후'라는 말이 유행한 걸 보면, 어쩌면 자기 분야에만 빠져 사람들과 단절하고 사는 것을 행복의 한 종류로 여기는 것 같기도 하다. 날이 갈수록 개인주의를 가장한 무관심이 늘어나는 이유이다. 아이러니한 점은, 개인을 중요하게 생각하면서도 온전히 독립하지는 못한다는 사실이다. 이들은 혼자를 편하다고 생각하지만, 마냥 혼자일 수는 없기 때문에 빈자리를 채워줄 수 있는

가상의 엄마, 혹은 가상의 친구가 필요하다.

간혹 혼자 연구하는 전문 분야가 있긴 하지만, 대부분의 일은 사람과 사람 사이의 연결로 이루어진다. 흔히 예술의 세계는 혼자서 이룩해야 할 것 같지만, 그 또한 사람들 사이에서 이루어지는 시너지 효과가 매우 중요한 분야가 되었다. 특히나 요즘은 프로젝트 개념으로 여러 예술가들이 만나 협업하는 작업이 많고, 그러다 보니 서로 간의 소통이 실제 작업 이상으로 큰 비중을 차지한다.

'대학생활에서 뭐가 중요할까요?'

내가 학생들에게 자주 묻는 질문이다. 나는 공부와 대인관계 두 가지를 제안하는 편이다. 당연히 여기서 공부는 학교성적을 위해서만이 아닌 자신이 좋아하는 공부여야 하고, 그것에 빠져서 친구 사귀는 일을 게을리하지 말라는 말이다.

인터넷이나 스마트폰에 빠져서 가상의 공간에 만족하며 사는 이들은 소통의 피로함을 이야기하며, 그런 복잡한 관계에서 자유롭기를 소망한다. 하지만 이들 역시 누구보다 공감의 대상을 원한다. 그래서 자신의 고민이나 갈등을 함께 해줄 사람을 찾아 SNS에 그토록 집착하는 것인지도 모른다. SNS 관련 창업자들의 슬로건은 모두 '사람과 사람을 이어주기'가 아닌가!

속담에 "부모 팔아 친구 산다"는 말이 있다. 청춘의 자존감은 친구로부터 형성되기도 하지만, 친구 때문에 무너져 내리기도 한다.

어떤 친구를 만났느냐에 따라 돈, 명예, 사랑, 성, 가치관까지 영향을 받기 때문이다. 제대로 된 친구는 삶의 소중한 자산이다. 속으로는 미워하고 시기하고 질투하면서 겉으로만 친한 척을 하는 사람은 필요한 순간에 진심어린 충고를 해주지 않는다.

프랜시스 베이컨은 "두 사람이 진정으로 서로를 혹평하면서 그것을 통해 상대방으로부터 무언가를 배울 수 있는 것"을 우정이라고 했다. 서로에게 가할 수 있는 '아름다운 모욕'의 힘을 그는 믿었다.

SNS에서는 수천 명의 친구를 만들 수 있다. 그들은 아무런 영혼 없이 '좋아요'를 누른다. 스쳐지나가는 재미일 뿐이다. 그런 것으로 만족을 느낄 수도 있지만, 청춘의 자존감은 그렇게 형성되지 않는다.

그렇다면 건강하고 소중한 인간관계를 형성하려면 어떻게 해야 하는가? 사회성 역시 실패와 좌절 속에서 발전해간다. 같은 실패와 좌절을 반복하지 않으려면 자신에게 있는 두려움과 공포부터 해결해야 한다. 혹시 내가 무조건 희생해야 한다고 생각하거나, 거절하면 다른 사람이 싫어하기 때문에 어떤 행동을 선택한다면 상처를 저축하는 것과 다름없다. 자신이 희생되건 말건 사람들에게 무조건 맞춰야 한다고 생각하면 몸과 마음에 큰 병이 생길 수밖에 없다. 즉, 자신에게 솔직해야 한다는 것이다.

지금까지 수많은 성공 멘토들은 자신의 천부적인 기질을 부정하지 말고 본래 가진 장점을 활용해야 성공한다고 말해왔다. 마찬가지로 인간관계도 자신의 원래 성격과 맞지 않는 방식으로는 성공할 수 없다.

자신이 소통하는 데 있어서의 장점은 무엇인가? 무조건 혼자 하는 일만 하겠다고 마음의 문을 닫을 게 아니라 자신에게 맞는 관계 맺기의 방식은 무엇인지 질문해보라. 혼자 하는 일은 없지만 독립적으로 하는 일은 얼마든지 있기 때문이다.

무엇보다 인간관계에 상처를 입었다고 해도 사회활동은 거부하지 말아야 한다. 그것은 다른 사람을 위해서가 아니라 내 인생의 행복과 풍요로움을 위해서다.

비록 결혼할 때 신랑·신부 친구 대행 알바까지 성행하고, 대학생들에게 SNS가 소통의 도구보다는 취업을 위한 인맥을 넓혀가는 수단으로 활용되는 걸 보면 인간관계마저 보여주기식인 것 같아 안타깝지만, 필요에 의해서든 체면을 위해서든 어쨌거나 우리는 많은 관계와 진정한 공감을 원하고 있고, 이를 발전시켜야 한다.

처음 시작하는 사회생활이 너무나 힘들었더라도, 잠시 혼자만의 힐링의 시간을 갖더라도 '풍요롭고 행복한 인생을 위해서 어떤 사람들과 어떻게 연결되어 살면 좋을까?'라는 질문만은 가슴 한구석에 남겨두라. 앞으로 펼쳐질 자신만의 길은 그 질문에 답을 해나가는 과정이 될 것이기 때문이다.

나를
바꾸는
재기발랄함

선택받지 못할 바에
차라리

학생들을 가르치다 보면, 학년에 따라 비슷비슷하게 변해가는 학생들의 표정을 관찰할 수 있다. 특히 수많은 학생들 중에서 졸업을 앞둔 학생들의 얼굴에는 먹구름이 가득하다. 그동안 자신이 무엇을 이루었는가를 생각하며 심하게 자책하는 것이 빤히 보인다. 그들은 주어진 상황에 집중하기보다는 친구들과 비교하며 속상해하고 부모님에게 죄책감을 느끼는 데 시간을 다 허비한다.

선택받지 못하고 남아있는 존재를 가리키는 '이태백'이라는 말은 유행한 지 한참 지났음에도 여전히 자주 거론된다. 앞으로도 사회의 구조적인 문제 탓에 실업률이 쉽게 낮춰지지는 않을 거라고도 한다. 이 때문에 청년들은 자신을 스스로 '잉여'라고 칭하고 있다.

그 이름을 딴 격월간 잡지를 본 적 있다. '잉여'라는 말이 낯설던 2012년에 창간된 잡지였다. 잡지의 이름처럼 대학생, 취준생, 파견직 근로자, 예술가, 사회 활동가, 소규모 창업자 등등의 이야기가 담겨있었다. 기존 잡지에 나오는 자극적인 주제나 부풀려진 성공 이야기보다는 우리 주변인들의 삶에 대해 성찰하는 내용이었다.

이 잡지의 발행인이자 편집인은 언론사 입사에 계속 실패해서 2년 동안 준비만 하는 삶을 살았다. 그러다가 어느 날 스스로가 선택되지 못하고 남아있는 잉여 같다고 생각해서 이 잡지를 창간했다고 한다.

누구나 자신이 꿈꾸는 모습에 비추어서 실제 자신의 모습에 실망하곤 한다. 그러나 실제 모습이 그 자체로 비참하다기보다는 머릿속에 그려놓은 이상적인 모습과 비교해서 속상한 경우가 더 많다.

현재의 모습을 자신의 관점에서 보는 것을 '실제적인 자아actual self'라고 한다. 그리고 다양한 인맥을 갖고 있고, 학과 공부도 열심히 하면서 대기업에 스카우트 제의를 받는 이상적인 나의 모습을 '이상적인 자아ideal self'라고 한다.

우리는 현재 자기 모습을 받아들이기보다는 이상적인 자아를 추구하면서 산다. 이때 '나는 ○○한 사람이 되고 싶다'와 '나는 ○○한 사람이 되어야 한다'는 생각 사이에서 노력하게 된다.

이상적 자아로는 '자신이 원하는 모습'과 '남들이 자신에게 기대하는 모습' 등 두 가지가 있다. 전자는 자신이 원래부터 꿈꾸었던 인물이다. 어릴 때부터 동경하던 인물이 있는가? 내가 가진 재능이나 환경에 상관 없이 '저 사람 참 멋있다', '나도 저런 어른이 되고 싶다'고 생각한 인물이 있었을 것이다. 이와는 다르게 어린 시절에 부모나 주변 사람을 통해서 무의식적으로 세뇌당한 '되어야 할' 인물도 있다. '너는 꼭 판사가 되렴', '우리 집안에서 의사는 나와야 해', '아버지처럼 공무원이 되어라' 등등이 후자에 속한다.

이처럼 사람은 '자라면서 되고 싶은 사람'과 '되어야 하는 사람' 사이에서 마음의 줄다리기를 계속한다. 자기주도적인 삶을 사는 이들은 자신이 되고 싶은 모습을 향해서, 사람과의 관계를 중요하게 생각하는 이들은 되어야 할 모습을 향해서 노력했을 확률이 높다. 그러나 대부분은 되고 싶은 사람과 되어야 할 사람 사이에서 갈등하고 방황한다. 실제적 자아와 이상적 자아가 차이가 나면 심적 긴장 상태에 이른다. 불쾌감을 일으키는 이런 긴장 상태는 누구도 원치 않는다. 따라서 긴장 상태를 해소하고 안정을 되찾기 위해서 사람은 '노력'을 하게 된다.

이 과정에서의 불편한 마음은 자기발전의 원동력이 된다. 더욱이 젊을수록 이런 불편함을 더 견디기 힘들어하고 이상적 자아를 계속 의식하며 추구하는 경향이 강하다. 그래서 청춘 시절에는 이상적 자아가 되기 위해서 다른 시기보다 훨씬 치열하게 노력하게 된다.

이처럼 이상적 자아가 되기 위해 노력할수록 실제적 자아와 차이를 줄여갈 수 있다. 당연히 실제적 자아와 이상적 자아가 일치할수록 자존감이 높아지고 커진다. 삶에 대한 자신감이나 만족도까지 동반 상승한다. 그런데 실제적 자아와 이상적 자아의 불일치가 너무 크면 불안과 걱정, 죄책감에 시달리며, 심한 경우 사회부적응자가 될 수도 있다. 그렇게 된 원인을 다른 사람에게 돌리는 일까지 생긴다. 나아가 심리적 문제뿐만 아니라 신체적 면역 기능까지 약화되기도 한다.

단순한 예로 자신이 원하는 모습을 갖기 위해 시작된 성형이 중독 수준에 이른 사람을 들 수 있다. 이들은 "만족할 때까지 고치겠다"고 이야기하며 이상적 자기를 향해 집착 수준의 노력을 한다. 물론 반대로 안달복달하면서 살고 싶지 않다는 사람들도 있다. 그냥 눈을 확 낮춰서 지금 내 모습이 가장 이상적이려니 하고 살기도 한다.

그렇다면 인간은 언제나 첨예한 갈등과 치열한 노력 속에서 실제적 자아와 이상적 자아를 일치시키며 살 수밖에 없는 것인가? 이상은 너무 높고, 현실은 너무 비참하다고 생각되는가? 다행히 '가능한 자기possible self'라는 개념이 있다. '가능한 자기'는 내가 앞으로 노력했을 때 될 수 있다고 믿는, 가능성 있는 자신의 모습이다. 당장은 현실적인 내 모습과 이상적인 내 모습 사이에 거리가 있지만, 이를 극복할 힘이 있음을 믿고, 지금 가능한 자기 모습을 선택해서 사는 것이다.

앞에 소개한 독립 잡지 〈잉여〉의 발행인처럼 자신이 원하는 언론사에 입사하는 이상적 자기의 모습도 있지만, 지금 가능한 자기의 모습인 독립 잡지의 발행인으로서의 도전도 할 수 있는 것이다.

'가능한 자기'를 위한 현실적 선택을…

영국 극작가 겸 소설가 조지 버나드 쇼는 자신의 묘비명에 이렇게 썼다.

"우물쭈물 하다가 내 이럴 줄 알았지."

어떤 누구도 조지 버나드 쇼의 묘비명에 적힌 것처럼 살지 않을 수 있다고 자신할 수는 없을 것이다. 우리의 삶 역시 그의 묘비명처럼 된다고 생각해보라. 지금 살고 있는 현재가 절실해지지 않겠는가? 우리는 어영부영하는 사이에 서른이 되고 마흔이 되고 쉰이 된다. 그러다가 언젠가는 죽는다. 흐르는 시간을 붙잡지도, 그렇다고 매순간 충분히 즐기지도 못하면서 늘 핑계를 대며 산다. '현실은 너무 갑갑해!', '꿈은 너무나 멀어', '당장 무얼 하지?'와 같이 우리의 고민은 늘 비슷한 색깔을 띠고 있다.

이렇게 고민만 하고 있을 때가 아니다. 가능한 것, 할 수 있는 것을 하자. 걱정에 너무 매여있으면 앞으로 나아갈 수가 없다.

1980년대에 미국 크라이슬러 회사를 구했던 CEO 리 아이아코카는 자서전에 '걱정하는 것을 그만두고 살기 시작하는 법'에 대해 다음과 같이 썼다.

"지난달에는 무슨 걱정을 했지? 지난해에는? 그것 봐라, 기억조차 못하잖니. 그러니까 오늘하고 있는 걱정도 사실은 별로 걱정할 일이 아니야. 내일을 향해 가는 거야."

불필요한 착함이
미덕인가

학교, 직장, 사회생활에서 사람들은 '착한 사람 콤플렉스'에 풍덩 빠져 있다. 자신이 원하는 것을 말하기는커녕 원하지 않는 일에 'No!'라고 외치며 거절하지도 못한다.

한 온라인 취업포털 사이트에서 직장인을 대상으로 '착한 직장인 콤플렉스 여부'에 대해 조사했는데, 직장인 세 명 중 두 명이 남의 부탁을 거절하지 못하거나 부당한 상황에서도 꾹 참고 자기주장을 내세우지 못하는 것으로 나타났다. 아마도 대학생을 상대로 조사를 해도 비슷한 결과가 나왔을 것 같다. 이런 '착함'은 어릴 때부터 학습되어온 결과이기 때문이다.

우석이는 자타가 공인하는 '착한 사람'이다. 누가 무슨 일을 부탁해도 거절하는 법이 없고, 자기 일이 늦어지더라도 웃으며 도와

주어서 '스마일 맨'이란 별명까지 붙었다. 처음에는 그도 남들이 '착하다, 친절하다, 반듯하다'고 칭찬하며 추켜세워주니 좋았고, 자신이 원래 그런 사람이라고 인지하게 되었다.

그러나 언젠가부터 그의 속은 새까맣게 타고 있었다. 후배들마저도 '저 선배에게 이야기하면 들어준다'는 인식이 퍼지면서 그는 실속 없이 너무 바빠졌고, 자기 일을 제대로 하지 못하는 난감한 상황에 자주 빠졌다.

"사람들은 제가 힘들 거라는 생각은 안 하는 것 같아요. 나중에는 무리한 부탁이나 자기 이야기를 들어주는 것이 당연하다고 생각하죠."

우석이의 가슴에는 자기가 도움이 필요할 때는 잘 도와주지도 않으면서 자기는 다 들어주니 늘 손해만 본다는 피해의식이 가득했다. 이런 억울한 마음은 잠재되어 있다가 술자리에서 폭발하기도 했다.

평소보다 술을 많이 마시게 되자 앞뒤도 없이 친구들 앞에서 자신의 억울함을 토로한 것이다. 그것도 설득력 있는 논조가 아니라 친구들이 나쁘다고 비난하는 단순 술주정이 되고 말았다. 다음 날 오히려 우석이는 말을 꺼내지 않은 것보다 더 못한 상황에 빠졌음을 알고 그 전보다 마음이 더 괴로웠다.

평소에 '착하다'는 이야기를 자주 듣는가? 그렇다면 상대방을 배려하느라 어디에서나 자기의 생각이나 주장을 펼치는 일이 서툴 것이다. 반대로 '똑 부러진다'는 이야기를 자주 듣는다면 어느 상황에서나 자기 몫을 잘 챙기고 자기의 주장을 잘 말해서 종종 얄밉다는 평도 들을 것이다. 이 두 가지 태도는 정서적으로나 심리적으로 자기존중감과 밀접한 상관이 있다.

착한 배려 때문에 내 자존감이 운다

흔히 자존감이 떨어진 원인에 대해서는 자가진단을 어렵지 않게 하곤 한다. 그러나 당장에 자존감을 올리기 위해서 당장 무엇부터 해야 하는지는 잘 모르는 경우가 많다.

"자존감을 높이는 행동 중에 바로 실천할 수 있는 건 뭘까요?"

이런 질문을 받으면 나는 "우선 먹고 싶은 것을 먹으세요"라는 조금은 황당한 대답을 해준다. 나는 당당하게 자기가 먹고 싶은 것을 선택할 줄 아는 게 먼저라고 생각한다. 별것 아닌 것 같지만 이는 자존감을 올리는 데 있어 가장 기본이다. 왜 그렇냐고?

자존감은 자신의 존재를 지탱하는 지게의 작대기와도 같다. 주변에서는 하이에나처럼 선하고 착한 사람을 이용해먹거나 무시하는 일들이 버젓이 일어나고 있다. 사람이 착해서 당하는 일이 교실에서도, 친구 간에도 수도 없이 일어난다. 안타깝게도 당하는 사람이 당하고, 악용하는 자는 비상하게 악용한다.

착한 사람 콤플렉스를 가진 사람들은 다른 사람, 특히 영향력이 있는 사람의 눈치를 살피게 된다. 자신의 감정보다 타인의 기분에 맞추기 위해 자신을 억누르는 데 만성이 된 경우가 많다. 이들은 다른 사람들에게 너무 맞추려다 보니 자기의 마음과 하는 행동이 일치하지 않아 우울감에 잘 빠진다. 이것이 심해지면 강박증, 편집증 등으로 발전할 수 있다.

착한 사람 콤플렉스를 극복해야 할 때 가장 필요한 것은 자신의 의지다. 주변 사람들의 시선이 어떠하든 자기의 의견을 피력해보는 것부터 시작해야 한다. 이때 가장 쉽게 접근할 수 있는 방법이 '먹고 싶은 것 먹기'다.

분단국가여서 그런지 우리는 참 '통일'을 좋아한다. 식당에서도 무조건 '통일'이다. 자기가 먹고 싶은 것보다는 분위기 봐서 다른 사람이 선택한 것을 따라한다.

이러한 착한 사람 콤플렉스가 확장된 예로 부모님에게서 받는 용돈을 들 수 있다. 우리는 용돈을 받아 사용한다는 이유만으로 죄의식을 갖는다. 기왕 용돈을 받아 사용해야만 하는 입장이라면 자신의 필요를 당당하게 이야기하고 책임감 있게 아껴 쓰면 된다. 눈치 보면서 용돈을 받고, 비굴한 기분을 느끼는 일을 반복한다는 것은 잘못된 것이다. 아무리 효성이 좋다 하지만 자신의 자존감까지 버릴 필요는 없다.

이런 사소한 행동은 나보다 상대방을 배려한 나머지, 그 일로 상대방이 힘들어하지 않을까, 실망시키지 않을까, 불편하게 여기

지 않을까 하며 자기보다 다른 이를 더 존중하기에 일어난다.

그런데 이런 태도는 자기 자신을 무시하는 일이라고도 볼 수 있다. 마치 한 친구에게는 의견을 계속 물어보면서 그가 원하는 대로 배려해주는 반면, 다른 친구에게는 의견도 묻지 않고 궁금해하지도 않으며 아예 없는 사람 취급을 하는 것과 같다고 할까? 이런 '존재감 없는 친구'처럼 자기 자신을 계속 대하면 자존감과 행복도가 어떻게 될지는 쉽게 짐작이 간다.

눈치 보지 않고 당당하게 요구하는 것은 잘난 척하고 튀는 것이 아니라 자신에게 '당연'한 일이다. "우는 아이에게 떡 하나 더 준다"는 말처럼 이야기하고 요구해야 상대방도 나의 존재를 인지해준다. 존재를 각인시키는 일은 관계에 긍정적인 영향을 준다. 나의 존재를 모르는 사람에게 배려를 기대할 수는 없다. 무엇을 배려해야 할지 상대방도 모르기 때문이다. 따라서 내가 좋아하는 음식, 노래, 연예인, 영화를 표현하는 것은, 나를 향한 접근 방법을 알리는 기술이다.

물론 이것이 태어난 서열로 자연스럽게 체득되기도 한다. 대개 장남이나 장녀는 부모의 눈치나 집안의 경제적 어려움 등 온갖 상황을 다 생각해서 할 말이 있어도, 하고 싶은 것이 있어도 말 한 번 제대로 못하고 참는다.

반대로 차남·차녀는 치밀하고 계획적이고 자기중심적이다. 형·누나에게 쏠려 있는 사랑을 자신에게 돌리기 위해 관심을 가져달라고 요구하는 버릇이 아기 때부터 몸에 배어있는 것이다. 그래서 비율로 보면 차남·차녀가 자존감을 높이는 행동에 더 익숙하다.

어떤 환경에서 자랐든 자신이 존중받으려면 자신을 먼저 존중하는 구체적인 방법을 익혀야 한다. 나조차 나를 존중하지 않는데 다른 사람이 나를 존중해주길 기대하는 것은 무리가 아닐까? '나를 이기적으로 보지 않을까?', '나를 싫어하지 않을까?', '내가 이럴 자격은 없지 않나?' 등등의 생각을 하면서 사람들의 눈치를 이겨내지 못하면 자존감 세우기는 불가능하다.

모든 것을 한번에 바꾸기는 어려우니 작은 선택부터 해보는 것을 추천한다. 자기의 취향을 하나씩 말해보고, 자기가 싫어하는 것을 부드럽게 이야기해보자. 피해의식이나 죄책감 대신 자연스러움과 편안함이 함께한다면 자존감도 올리고 다른 사람들에게서 미움도 받지 않을 것이다. 일상 속에서 자존감을 점점 더 세워갈 때 대인관계에서 받는 스트레스 또한 훨씬 줄어들 것이다.

자존감을 높이는
감사의 힘

미국의 한 시골학교 선생님이 당시 갑부였던 포드 자동차 회사의 헨리 포드 회장에게 편지를 보냈다.

"회장님, 아이들의 음악교육을 위해 저희 학교에 피아노 한 대가 필요합니다. 도와주십시오."

얼마 후 답장이 왔다. 그런데 열어보니 고작 100달러가 들어 있는 게 아닌가. 그러나 선생님은 실망하지 않고 100달러로 땅콩을 사왔다. 그리고 사온 땅콩을 학교 부지에 심은 뒤, 그 해에 땅콩을 수확하여 팔았다. 몇 년을 그렇게 했더니 피아노를 살 수 있는 돈이 모아졌다. 선생님은 포드 회장에게 감사의 편지를 썼다.

"회장님의 도움으로 피아노 살 돈이 모아졌습니다. 감사합니다."

그러자 이번에는 포드 회장으로부터 답장과 함께 1만 달러가 송

금되어오는 게 아닌가. 답장에는 이렇게 적혀있었다.

"선생님 같은 분이 미국에 있다는 것이 자랑스럽습니다. 선생님 같은 분은 처음입니다. 많은 사람이 도움을 요청했지만 기부금을 주면 금액이 적다고 투덜대거나 모르는 척 하더군요. 그런데 선생님은 작은 기부금에 대해서도 감사해하셨고, 그 작은 기부금을 활용하여 피아노 살 돈을 마련했다는 이야기까지 들려주시니 오히려 제가 감동 받았습니다. 앞으로 도움을 청하시면 액수와 상관없이 제가 책임을 지겠습니다."

감사의 힘을 잘 보여주는 일화이다. 감사하는 마음은 어떤 일을 진행할 때 생각의 관점 자체를 긍정적이고 생산적이게끔 바꿔준다. 온전히 감사하는 사람이 드물기 때문에 이런 태도는 다른 사람에게 감동으로 다가오고, 감동은 또 다른 기회를 만들어낸다. 즉, 감사는 성공과 매우 밀접한 관계가 있다. 반면 투덜대는 사람에게 감사하는 마음이 깃들기는 힘들다. 투덜대는 사람의 심리를 살펴보면 자신은 이만한 현실, 이만한 조건에 만족할 수 없는 괜찮은 사람인데 자기의 진가를 사람들이 알아주지 않는다고 생각한다.

그렇다면 감사하게 생각하고 이를 잘 표현하는 사람은 어떤 사람인가? 일단은 자존감이 높은 사람이다. 그들은 마음에서 저절로 감사가 우러나오며 감사하는 것이 생활화되어 있다. 그래서 자존감이 높은 사람들은 대부분 성공한다. 흔히 성공했기 때문에 자존감이 높다고 생각하기 쉽지만, 자존감이 높았기 때문에 성공했을 가능성이 훨씬 높다. 자존감을 잃지 않으려고, 또는 더 높이려고 애썼기 때문에 성공이 자연스럽게 따라온 것이다.

한마디로 자존감을 높은 수준으로 유지했다는 것은, 어떤 일이 닥쳐도 그 상황에 대해서 감사해하며 실패해도 자신을 격려해주고 배려해주었다는 뜻이다.

우리 인생은 아귀가 맞지 않는 경우 투성이다. 모난 돌 같은 사람들이 더 어울리기 때문이다. 애초에 세상이 다양한 사람들의 집합체이기 때문에 그들과 어울릴 수 있는 자기 자신을 만들어낸다. 그런 사고방식은 필연적으로 불행을 부른다. 타인과 어울리기 위해서 억지로 뼈를 깎아 내는 고통을 겪기도 한다. 자존감이 낮아졌을 때는 평소에 확신을 갖고 했던 일조차 의심스러워지면서 마음이 흔들리고, 작은 실수를 한 자신을 비난하기에 바쁘다.

마음이 그런 상태에 빠지면 자신의 목표를 오롯이 추진하기가 자꾸만 어렵다. 흔들리고 좌절하는 사람을 다른 사람들이 신뢰하기도 어려울 것이다. 그러므로 자존감, 성공, 감사는 모두 하나의 고리로 연결되어 있다. 자존감도 높이고 싶고 자연스럽게 성공이 따라오면 좋겠는데, 일상생활에서 어떻게 시작할지 모르겠는가? 매우 쉬운 일이 있다. 바로 '감사'하는 습관을 들이는 것이다.

긍정적 감사함을 갖기

말하는 능력도 중요하지만, 긍정적으로 감사하는 표현은 더 중요하다. 자존감은 끊임없이 자기와의 대화를 일삼되 적극적인 표현으로 함께 공감하는 경험을 통해 강해진다. 아무리 영어를 유창하게 잘한들 미국인과 대화하지 않는다면 꿀 먹은 벙어리나 다를 바 없다.

감사하는 습관은 자존감 회복을 가져오고, 성공 확률도 몇 배나 높여준다. 실제로 성공한 사람들은 대개 매일 아침 "오늘 하루를 주셔서 감사합니다"라는 말로 하루를 시작한다고 한다.

거울을 보면서 "나는 정말 멋진 사람이다"라고 주문처럼 되뇌자. 실제로 어느 학생이 자신이 너무나 비관적인 사람이었는데 6개월 동안 아침마다 거울을 보면서 긍정의 주문을 외우는 습관을 들였더니 비관적인 성격이 고쳐져 자존감을 회복했다는 경험담을 들려준 적이 있다. 이 학생의 말에 따르면 "내가 나를 사랑하고 나를 칭찬하니 자신에 대한 생각이 완전히 달라졌다"고 했다. 그리고 "온통 짜증과 불만만 가득했던 내 지난날의 생각이 얼마나 어리석은 것인지 알게 되었다"고 했다.

감사할 일들을 찾기 시작하면 모든 것이 감사할 일이라는 사실이 보인다. 날씨가 맑은 것도 감사할 일이고, 비가 오는 것도 감사할 일이고, 20대인 것도 감사할 일이고, 30대인 것도 감사할 일이고, 공부를 할 수 있는 것도 감사할 일이고, 돈 벌 궁리를 할 수 있게 해준 호주머니 사정에도 감사하게 된다.

불평하기 시작하면 삶 자체가 불평·불만투성이지만, 감사하는 습관은 더 큰 감사를 불러온다. "감사합니다"라고 말할 때 인상을 한번 구겨보라. 화를 내거나 짜증을 내면서는 이 말이 도저히 나오지 않는다. 아직 마음에서 감사함이 우러나오지 않는다면 입으로라도 먼저 말해보자. 사람은 딱 감사한 만큼만 행복해진다. 그러니 가급적 많이 감사하고 많이 행복해져야 하지 않겠는가!

캐나다의 정신과 의사이자 지역 사회 운동가인 린다 케벌린 포포프가 개발한 인성개발 교육 프로그램에 나오는 감사에 대한 아래와 같은 문구가 있다. 감사에 대한 태도와 좋은 마음을 잘 담고 있는 내용이다.

"감사는 우리가 가진 것을 고맙게 여기는 태도입니다. 우리가 배우고 사랑하고 존재하는 것에 대해 고마움을 느끼는 것입니다. 당신은 당신 주변과 마음속에서 매일 일어나는 작은 일에 대해서 감사를 할 수 있습니다.

긍정적으로 생각하세요. 감사하는 마음을 갖게 되면 만족하게 됩니다. 자신에게 주어진 삶이라는 선물을 음미해보세요. 다른 사람을 부러워하기 보다는 자신의 능력을 고맙게 여기세요.

일상에서 마주치는 어려움을 새로운 배움의 기회로 삼아보세요. 누군가가 당신에게 뭔가를 주고 싶어하면 감사한 마음으로 기꺼이 받으세요. 매일 당신이 누리고 있는 축복을 세어보세요."

양면적인
중독의 마성

"인생은 여러 가지 맛의 초콜릿들이 담긴 초콜릿 상자와 같단다. 어떤 맛의 초콜릿을 먹게 될지 모르거든."

영화 〈포레스트 검프〉에서 엄마가 주인공인 아들에게 해준 말이다. 인생에는 다양한 맛이 있다. 쓴맛, 단맛, 신맛, 짠맛 등등 ……. 우리는 살면서 이 맛을 봤다가 저 맛을 봤다가 하면서 살아간다. 맛과 삶에 대한 은유 중에 "몸에 좋은 약이 입에는 쓰다"는 말이 있다. 게다가 "젊어서 고생은 사서도 한다"는 말까지 있다. 이를 잘못 해석하면 젊을 때는 쓴맛을 계속 보는 것이 좋다는 의미로 받아들이게 된다.

그러나 새파랗게 젊은 사람이 쓴맛만 느끼고 산다면 어떻게 될까? 인생의 첫 단추부터 쓴맛에 중독이 되면 비관적인 생각에서 빠져나오기 어렵다. 자칫 삶의 기쁨은 사치라는 생각에 젖기도 한다. 그렇다고 단맛만 보려 하다가는 어떻게 될까? 잘 알다시피 온갖 유혹에서 헤어나오지 못한 채 더 쉽고 편한 길, 뭔가 달콤한 어떤 것을 원하면서 점점 더 쾌락에 빠질 수 있다.

인생의 맛에도 단계가 있고, 법칙이 있다. 어릴수록 몸에 좋고 건강한 맛을 먼저 맛보아야 한다. 그래야 어떤 맛이 좋은 것인지 스스로 판단할 수 있는 능력이 생긴다. 가령 두근거림이나 짜릿한 쾌감을 먼저 맛보고 추구하게 되면, 인스턴트 사랑만 좇게 된다. 단순하고 즉각적인 반응에 익숙해지면, 서로를 배려하는 따뜻한 마음과 깊은 관계는 지루하게 느껴져 잘 참지 못하게 된다.

상담을 하다 보면 나쁜 맛에 중독된 청춘들을 많이 만난다. 그들은 지나치게 달콤한 맛과 지나치게 쓴맛만 추구하며 산다. 클럽, 원 나이트 스탠드 중독에서 헤어나오지 못하거나 게임만 하며 집에 틀어박혀 있거나, 사소한 실패에 좌절해서 술·도박에 중독되거나, 다이어트 중독에 빠져 몸이 망가지는 경우 등등 그 종류가 다양하다.

특히나 최근에는 인터넷 게임 베팅에 중독된 20대가 늘고 있다. 방학 기간에 아르바이트를 하여 번 돈으로 불법 도박 사이트에 빠져 자기 월급만으로는 베팅 금액이 충당되지 않자 부모가 준 학자금으로 도박을 계속하기도 한다. 그러다 결국 몰래 학자금 대출을 받아 다음 학기를 등록하는 경우도 있다.

그들도 처음에는 왠지 모를 허무함을 채우기 위해서, 현실적인 고민에서 벗어나고 싶어서 재미삼아 한번 해보았을 것이다. 그런데 그 맛에서 헤어나오지 못한 것이 화를 자초하게 된다. 물론 처음에는 현실을 잊고 살아있는 기분을 느꼈을 것이다. 그러나 그 효과는 일시적이고, '뒤끝'도 굉장히 나쁘다. 몸과 정신이 모두 망가진 다음에야 자신이 중독되었음을 겨우 깨닫지만, 회복되는 데는 엄청난 시간과 노력이 필요하다.

인생의 여러 맛 중에서 건강한 맛을 먼저 보면 좋듯이, 중독도 건강하고 건설적인 중독에 빠지면 좋다. 어쩌면 인생에서 얻는 성과는 대부분 중독으로 이루어지는 게 아닌가 싶다. 그래서 중독 자체는 어떤 의미에서는 좋다고 할 수도 있다. 뭔가에 중독이 되면 초인적인 힘이 나와서 끈기 있게 매달리게 되고, 공부할 때는 맛볼 수 없었던 엄청난 집중력도 생긴다. 온 신경이 그쪽으로 곤두서서 밥 먹는 것도 잊어버리고 최선을 다한다. 자신이 가진 열정과 끈기를 최대한으로 끌어올려주기 때문이다.

강하고 행복한 중독에 올인

만약에 어떤 계기가 생겨서 마음먹고 평소에는 안 하던 공부를 열심히 하게 되었는데, 시험에서 100점을 맞았다고 생각해보라. 긍정적 결과를 얻었다는 뿌듯함과 함께 주변 사람들도 자꾸 칭찬해주니 어깨가 으쓱해진다. 지금까지는 몰랐지만, '공부란 게 이런 맛이 있구나!' 하는 생각에 다음 시험에서도 같은 결과를 낼 수 있도록 노력하게 된다.

힘들게 돈을 벌어도 한 푼 두 푼 저축하고 모으는 재미에 빠지면 고생보다 기쁨이 더 크다고 말하는 사람들도 주변에서 쉽게 만날 수 있다. 돈 모으는 맛에 빠지면 '힘들다' 하면서도 재미나게 돈 벌며 잘살게 된다. 마라톤에 취미를 붙이면 무릎이 안 좋아져도 재활훈련을 하고 또 뛴다. 그런 사람에게서 "고통 속에서 기쁨을 느낀다"는 말을 들으면 이해할 수가 없다. 그 사람도 일종의 운동 중독에 빠진 것이다.

지금 어떤 맛에 중독되어 살고 있는가? 내가 정말 좋아하는 일에 빠져 밤낮 없이 몰입하는 경험을 하고 싶지 않은가? 이것만 있으면 죽어도 좋다고 할 만한 대상을 찾고 싶지 않은가? 어떤 것에 중독되고 싶은가?

20대에는 행복하고 건강한 중독을 맛보는 것이 중요하다. 건강한 중독이 나를 더 넓은 세계로 이끌어줄 수 있다. 20대에는 여전히 성장하는 중이기 때문이다. 이 말은 건강을 지키라는 의미가 아니다. 필연적으로 성장통을 수반하는 미지의 경험이 아직도 많이 남아있다는 뜻이다. 인생의 멋진 맛을 한번 맛봐야 앞으로도 그 맛을 찾아 더 열심히 노력하고 도전하며 살게 된다. 그때부터 삶의 의미가 생기고 자존감이 올라간다. 즉, 20대에 좋은 중독에 빠지면 훗날 뭐라도 된다!

못난 성격도
아픈 내 손가락

"세상살이가 힘들고 복잡할수록 변명과 핑계가 많아진다. 사랑하는 이를 눈앞에 두고도 너무 긴 시간을 두고 망설인다. 삶에서 성공을 입증할 수 있는 선택과 판단은 몇 퍼센트나 될까? 성공과 실패, 정답과 오답을 위해서가 아니라, 하나뿐인 나의 생을 위해 페달을 밟는 것이다."

베스트셀러의 저자이자 광고인 박웅현은 젊은이들에게 "인생의 정답을 찾지 말고, 자기 자신만의 인생을 살라"고 강조한다. 그러나 우리는 스스로에 대한 신뢰와 판단력이 부족한 것 같아서 '정답'을 자꾸만 찾게 된다.

우현이는 쾌활하고 친절하고 친구를 잘 사귄다. 그래서 그의 주변에는 늘 사람이 많고 사람들도 그를 좋아한다. 그는 '인간은 사회적 동물'이란 명언을 가장 좋아한다. 그는 어릴 때부터 "성격이 좋다"는 말을 자주 들어왔고, 솔직히 자기 성격에 대해서 자부심도 있는 편이다.

하지만 우현이의 성격은 성실성이란 측면에서 치명적 결함이 있다. 그는 시험 기간에 여자친구가 부른다든지, 친구들이 운동이나 게임을 제안하면 그 유혹을 뿌리치지 못한다. 친구들의 모든 제안에 백이면 백 넘어간다. 시험 전날에도 하루 종일 놀다가 밤을 새서 공부하고, 그 다음 시험을 망친 일도 많았다.

물론 한때 벼락치기가 잘 통했던 시절도 있었다. 우현이는 머리가 좋은 편이고 임기응변력도 강해서 곧잘 노력보다 좋은 결과를 얻었고, 그래서 우쭐했었다. 자신은 늘 무엇이든 빨리 흡수하고 잘되는 사람이라는 인식이 강했기 때문에 같은 내용을 오래 붙들고 있는 친구들을 보면 오히려 안타까워했다. 그러나 학년이 높아갈수록 자신의 벼락치기 공부 방법은 점점 먹히지 않았다. 그럼에도 우현이는 자신의 생활을 바로 잡지 못했다.

한때는 클럽에 가는 것에 빠져서 오랫동안 정신을 차리지 못한 적도 있었다. 클럽에 출석도장을 찍다시피 했다. 나중에는 또다시 유혹에 넘어갈까봐 저녁이 오는 것이 두려울 정도였다. 오늘은 가지 말아야지 하면서도 자신의 의지를 여지없이 무너뜨리기를 거의 6개월이나 반복했다. 더 큰 문제는 클럽에서 스스로 '윤리적으로도 좋지 못한 행동'을 하게 되는 것이었다. 낮에는 양심에 찔려서 이렇게 살지 말아야지 다짐하다가도 밤이 되면 스스로에게 매번 실망하며 달콤한 중독에 빠졌다.

"처음에는 비슷한 성적과 비슷한 경험을 갖고 입학했던 동기들과 지금의 저는 처지가 하늘과 땅 차이에요. 노력하지 않았기에 절망할 자격도 없다고 생각하지만…… 어떻게 이 상황에서 빠져나갈 수 있는지 솔직히 모르겠어요."

괜찮은 인생이 있을 거라고 믿으며 살아가는 동안, 우리는 늘 자신과 부딪힌다. 확실히 그렇다. 자신에 대한 공포와 피로가 이유 없이 엄습하는 순간을 종종 경험하게 된다. 그리고 그때, 무척이나 쓸쓸하다고 느낀다. 나와의 접촉이 대개 후회를 동반하기 때문이다.

졸업을 앞둔 우현이는 최근에 특유의 밝고 사교적인 모습을 많이 잃어버렸다. 밝고 긍정적인 성격이 인생에 큰 장애물로 작용했다고 판단하면서 인간관계를 거의 끊었다. 물론 자신의 단점을 반성하고 더 나은 삶을 살기 위해서 고민하고 계획하는 것은 좋은 일이다. 그러나 이것이 지나쳐서 자기 인생에 대한 부정과 혐오로 치닫는다면 문제는 달라진다.

우현이도 이런 생각과 행동이 무익한 것을 잘 알고 있다. 하지만 사람은 한번 '부정'이라는 늪에 빠지면 거기서 빠져나오기가 매우 어렵다.

성격의 이면을 받아들이는 용기

청춘이 아프고 괴로운 이유 중 하나는 자기 성격의 이면을 받아들이지 못 하기 때문이다.

사과 한 상자를 사보면 위쪽에는 싱싱하고 알이 굵은 것이 있지만, 아래 쪽으로 갈수록 상한 것, 터진 것, 알이 작은 것 등이 들어 있다. 과일 가게 주인은 좋은 것만 보이게 해서 사과를 상자째 사게끔 만든다. 우리 역시 자신의 돋보이는 성격만을 드러내놓고 다른 사람과 소통한다. 특히 남녀 사이에서는 처음에는 콩깍지가 씌여 서로 좋은 면만 보니 연인이 되지만, 시간이 지나면서는 상대방의 전체적인 모습을 볼 수 있기에 때로는 서로 실망하기도 한다.

누구나 드러나 있는 좋은 성격의 이면에는 비뚤어지고 부정적인 면이 있기 마련이다. 그렇다고 그 이면 때문에 자기 성격 자체를 너무 싫어해서는 안 된다. 모양이 매끄럽지 못한 사과 한두 개로 어떻게 상자 안의 모든 사과가 엉망이라고 말할 수 있겠는가.

물론 자신의 성격 중 아름답지 못한 부분을 받아들이는 것이 결코 쉬운 일은 아니다. 그러나 자기의 성격을 '받아들여야' 한다. 한참 새파란 나이에 자기의 성격을 받아들이라는 말이 모순처럼 들릴 수도 있다. 이 말은 '성격 을 바꾸도록 노력하라'가 아닌, '있는 그대로를 받아들이라'는 뜻이다.

혹시 자신의 성격이 너무 싫어서 바꾸려고 시도한 적이 있는가? 시도해보았다면 알겠지만, 호감 가는 성격을 쉽게 취할 수도, 성격의 싫은 면을 쉽게 버릴 수도 없다. 다른 사람의 성격 역시 평가할 뿐이지, 그 사람의 성격을 내가 바꿔줄 수 없듯이 말이다.

우현이의 경우 역시 자신의 성격적 단점을 일단 받아들여야 한다. 성실하지 못한 면 때문에 자기의 존재 자체를 부정하게 되면 한 걸음도 나아갈 수 없다. 게다가 지금까지 사교성을 바탕으로 형성해온 인간관계를 모두 무의미하다고 판단해서도 안 된다. 공부만 할 줄 알지 사람과의 관계에 대해서는 모르는 사람들은 조직에서 성장하는 데 걸림돌이 많겠지만, 자신은 그런 쪽으로 많은 트레이닝이 되었으니 얼마나 큰 장점이겠는가!

그리고 혹시 아는가? 인간관계에서의 자산과 재능을 십분 발휘할 수 있는 직업을 택해 빛을 발하게 될지. 그러니 지나간 세월을 부정하지 말고, 자신의 방탕하던 한때를 반성해 스스로를 통제하게 된다면 젊은 날의 방황과 방랑이 큰 밑거름이 되어줄 것이다.

사람의 성격 안에는 울퉁불퉁하게 느껴지는 면, 둥글둥글한 면, 특이한 면이 함께 있다. 성격은 둥근 면이 무조건 좋은 것도 아니고, 울퉁불퉁한 면이 무조건 나쁜 것도 아니다. 다양한 성격의 사람들과 어울려 사는 것이 사회이기 때문에 나의 성격적 장점이 다른 사람에게 도움이 되기도 하고, 나의 성격적 단점이 다른 사람에 의해서 보완되기도 한다. 즉, 내 성격 중 꼬인 부분을 풀고 단점은 최대한 보완해가며 함께 살면 된다.

그러니 감춰진 성격의 이면을 받아들여보자. 받아들이기 싫은 성격의 이면을 인정하면 이보다 더 좋을 수 없는 마음의 평화가 온다. 그리고 그 이면 때문에 자신의 밝은 면을 부정하지 않게 된다. '완벽하지 않지만 이게 바로 나야. 나답게 살 수 있어!'라고 되뇌어보자. 자기의 성격을 받아들이고 빛나는 면을 더욱 드러낼 때, 즉 자신만의 소중한 개성을 잃지 않을 때 더 성숙한 단계로 나아갈 수 있을 것이다.

완벽한 체념을
위하여

아라는 '연애 전문 코치'로 불린다. 연애 관련 내용을 좋아해서 실제로 사랑에 관한 심리학 강의를 듣기도 하고 책도 많이 보면서 이론적인(?) 배경을 쌓아왔다. 어느덧 친구들 사이에서는 연애 고민이 있으면 "아라를 찾아라"는 농담이 돌 정도였고, 연애하고 싶거나 남자친구와 문제가 있거나 짝사랑을 진행 중인 친구는 어김없이 아라를 찾았다.

실제로 아라의 연애 상담 내용에는 뭔가가 있었다. 복잡하게 고민하지 말고 행동하라는 속 시원한 조언과, 어떻게 하면 쿨하게 보일 수 있는지 등의 행동법은 꽤나 실용적이었다. 그러나 정작 아라는 연애 한 번 못하고 쓸쓸히 학교를 졸업했다. 학교 다닐 때 워낙 벌여놓은 일이 많고 바빠서 그런 줄 알았는데, 사회생활을 하면서도 마찬가지였다. 그녀 나이 벌써 스물아홉, 지금까지 '모태 솔로'로 살고 있다.

아라가 학교에 다닐 때와 다른 점이 있다면 그때는 연애 경험이 없으면서 말만 잘한다고 스스로 농담을 하기도 했는데, 이제는 연애를 시작조차 못하는 자신의 모습이 창피해서 농담은커녕 경험이 제법 있는 척한다는 것이다.

"여전히 친구들에겐 연애 코칭을 잘해요. 모순이죠. 저도 머리로는 답을 알겠는데, 행동으로 옮겨지지 않는다고 할까요? 내가 꼭 이렇게 까지 해야 하나라는 생각도 들고요⋯⋯."

아라는 한때 행동으로 옮기지 못하고 생각만 가득한 자신의 성격을 탓했지만, 이제는 아예 마음을 놓고 산다고 이야기했다. 마흔 살에야 할 수 있는 체념을 벌써 터득한 것처럼 보였다.

아라에게 연애에 있어서 그녀 자신의 문제가 무엇인지, 그 문제를 극복하기 위해서 어떤 시도를 해왔는지를 물어보았다. 그녀는 이미 관련 지식이 많고 상대방의 심리까지 다 알아서 특별한 조언이 필요 없을 정도였다. 그러나 재미있고 유쾌한 그녀의 말과, 자신은 괜찮다고 이야기하는 태도는 어쩐지 공허해보였다. 사회생활에서 연애 경험이 제법 있는 척하는 가면을 쓴 것처럼, 마음이 편안한 척, 괜찮은 척하는 또 다른 가면을 쓴 것처럼 보였기 때문이다.

뜨겁게 부딪혀야 실패의 아쉬움이 없다

머리 위에 탐스럽게 매달린 포도를 따먹기 위해 안간힘을 쓰던 여우가 자신의 입이 포도에 닿지 않을 것을 깨닫고는 "저 포도는 신포도일거야!" 하고 체념하는 내용의 《이솝우화》가 있다. 여우는 따먹기 어려워 포기하게 된 자신의 행동에 대해서 '포도가 시기 때문에 거기에 연연할 필요가 없다'고 마음 편하게 생각한다.

누구나 조화로운 상태를 원한다. 불균형이나 불일치 상황은 인간을 심적 긴장 상태로 이끈다. '가지고 싶다'는 간절한 마음과 가지지 못해서 분한 마음이 함께 있으면 마음이 긴장되며 불쾌하다. 인간은 이러한 긴장 상태를 해소하고 안정을 되찾기 위해 새로운 행동을 발생시키는데, 이 과정을 인지부조화cognitive dissonance 현상이라고 부른다.

인지부조화 이론에 따르면, 행동과 태도가 서로 다를 때, 사람들은 행동을 바꿀 수 없다면 태도를 바꾸어 행동과 태도의 일관성을 유지하려고 한다. 연애를 잘하길 원하는데 실제 자신이 그렇게 행동하지 못한다면 인지부조화를 겪는다. 이때 행동을 바꾸기 힘들다면, "연애에 굳이 연연해하지 않는다"고 말하며 태도를 바꾸어 심리적 안정감을 가지려 하는 것이다.

그러나 아라의 경우에는 신포도의 여우와 차이가 있다. '노력'이란 측면에서 보면, 여우가 포도를 먹으려고 온갖 애를 쓰지 않았다면 그 포도는 그저 '탐스러운 포도'일 수 있었다. 하지만 여우가 노력하고 실패를 겪은 후 포도에 대한 여우의 태도는 완전히 바뀌게 된다. 아무리 노력해도 손에 닿지 않는 포도의 유혹으로부터 자신의 심리적 부조화를 완화 혹은 해소시키기 위해서 '신포도'라고 믿기로 선택한 것이다. 만약 여우가 이러저러한 시도를 하지 않고 머릿속으로 계산만 했다면 신포도라고 치부했다가도 문득문득 '고놈, 참 탐스럽다!' 하고 입맛을 다시며 씁쓸해할 수 있다. 즉, 마음 정리가 깨끗하게 되지 않아서 자존심이 상할까봐 괜찮은 척 허세를 부리게 된다. 또는 마음이 삐딱해져서 포도를 취한 이를 헐뜯으며 성격이 배배 꼬일 수도 있다.

이런 면에서 아라의 연연해하지 않는 듯한 태도는 자신을 보호하기 위한 임시방편처럼 보인다. 시도하지 않으면 진정한 포기란 할 수 없는 것이 사람의 마음이다. 포기라는 것은 시도해봐야, 경험해봐야, 뜨겁게 실패해봐야 선택할 수 있는 법이다.

연애 이야기로 시작했지만, 다른 많은 도전과 시도에서도 이런 태도를 취하는 이들을 많이 볼 수 있다. 인터넷이나 책을 보는 간접 경험만으로 이미 다 알고 있다, 해보지 않아도 알 수 있다, 이런 저런 문제 때문에 어리석게 섣불리 시작하지 않겠다는 그들의 논리는 때로 매우 정확하고 냉철하다.

머릿속에서 혼자 결정을 내리고 혼자 마음 정리를 다 하는 그들에게 선배들의 조언은 별로 소용이 없다. 그들과는 지식과 논리,

정보로는 감히 맞설 수 없다. 안타까운 것은, 그들은 자신들의 생각과 실제 경험이 같지 않을 수도 있다는 점, 문제를 해결하는 자신만의 노하우가 결국 경쟁력이 된다는 점 등은 생각조차 못한다는 것이다.

연애에 관해서 머리로는 잘 안다고 생각하는 것도 순전한 착각일지 모른다. 연애는 기술일 수 있지만, 철학이기도 하다. 재미와 실용적인 차원에서 접근하는 연애도 좋지만, 깊은 수준의 기술은 철학이 받쳐주어야 한다. 한 사람을 온전히 이해하고 받아들이는 과정으로 연애를 이해하는 사람과, 자신의 매력과 능력을 보여주기 위한 하나의 도구로 연애를 이해하는 사람이 같을 수는 없다. 자신이 이해받기를 원하는 만큼 상대를 먼저 이해해주는 배려와 여유를 배운 적이 있는가? 이런 것은 어떤 좋은 책으로도 배울 수 없다. 진짜 앎은 실제 삶 속에서 이루어진다. 여기저기서 주워들어 아는 것은 껍데기에 불과하다. 부딪히며 해봐야 제대로 알 수 있고 배울 수 있는 것이다.

영국의 저명한 소설가 존 크리시는 564권의 책을 출판했다. 그러기까지 753번의 출판 거절을 당했다. 만약 그가 책상 위에 원고를 쌓아두기만 했다면, 한두 번 거절에 충격을 받아서 원고를 서랍에 처박아만 두었다면 어떻게 되었을까?

연애든, 공부든, 장사든, 여행이든, 모험이든 생각만으로 알 수

도, 할 수도, 배울 수도 없다. 포기조차 행동하지 않고 생각만 하다가 결정했다는 것은 어불성설이다. 일찍이 아인슈타인도 말하지 않았는가.

"인생은 자전거를 타는 것과 같다. 균형을 잡으려면 움직여야 한다."

긍정적으로
비뚤어질거야

혜원이는 요즘 낙관적이라는 말을 자주 듣는다. 하지만 신입생 시절에는 부정적 · 비관적이라는 말을 꽤 들었다. 그녀는 신입생 시절을 '지하 세계', 그때의 자신을 '세상에서 가장 불행했던 사람'이라고 표현했다. 지방에서 서울로 올라와 살다 보니 새로운 문화에 적응하는 것이 너무나 힘들었기 때문이다.

나름대로 노력했지만 사투리는 곧잘 튀어나왔고, 사투리로 동기들에게 놀림을 받게 되자 말수가 눈에 띄게 줄었다. 서울에 아는 사람도 없고, 서울 지리도 전혀 모르니 친구들의 대화에 끼는 것도 어려웠다.

자신과 처지가 비슷하지만 대응방식이 전혀 다른 한 친구를 알게 되었다. 그 친구도 지방에서 올라왔고 사투리도 자신보다 훨씬 더 심하게 사용했다. 하지만 그 친구는 늘 쾌활했고, 오히려 사투리로 사람들을 웃겼다. 서울 문화와 관련하여 모르는 것을 들으면 "우리 시골에서는 그런 거 없다"고 농담을 하며 친구들과 잘 어울렸다.

사람들에게 웃음을 주고 인기가 많은 그 친구를 보면서 혜원이는 더 괴로웠다. 스스로 자꾸 움츠러들다 보니 자연히 사람들 사이에 더 섞이기 어려워졌고, 왕따가 되어가는 듯했다. 같은 과 동기에게 먼저 다가갔다가 상처를 받기도 했다. 자신의 이런 불안한 속마음을 털어놓은 것이 화근이 된 것인지, 그 말을 한 다음부터 그들과 더 멀어지기도 했다.

이런 일이 두어 번 반복되자 혜원이는 '서울 사람들은 친절한 척하지만 가식적이다'라고 생각하게 되었고, 학교에 있는 많은 사람이 모두 양의 탈을 쓴 여우나 늑대처럼 느껴졌다.

스스로 고립되어 가던 혜원이에게 아픈 일이 또 생겼다. 우연히 동기들이 자신에 대해서 잘 알지도 못하면서 수군거리는 소리를 들은 것이다. 그들은 혜원이가 사람들을 퉁명스럽게 대하고, 좀 이상하다고 이야기했다. 혜원이는 그런 억측을 들으면서 조용히 눈물을 흘렸다.

이때부터 혜원이는 동기들의 작은 행동과 말 한마디도 곧이곧대로 받아들일 수가 없었다. '저 애는 내가 이상하다는 소문을 들어서 저런 표정을 짓는 거겠지', '지금 저 애가 웃은 것은 무슨 부탁을 할 게 있어서 일거야' 등등 모든 것을 순수하게 받아들이지 못했다.

결국 학교에 가는 것조차 혜원이에게는 대단히 힘든 일이 되고 말았다. 입학한 지 두 달이 지났을 때에는 아예 자퇴를 결심하고 학교생활과 거리를 두면서 혼자 마음 정리를 하고 있었다. 그러나 정작 자퇴서를 낼 용기가 나지 않았다. 시골에서 소위 '인 서울' 했다고 기뻐하시는 부모님과 친구들에게 자퇴했다고 말하며 집으로 돌아갈 자신이 없었던 것이다.

격려가 필요한 나에게, 긍정의 힘을

보통 우울한 기분이 들 때 행복해지기 위해서 음식을 먹는다. 스스로에게 보내는 위로라고 치부하지만, 다 먹은 다음에는 오히려 불행해지기 십상이다. 가공식품, 달거나 매운 음식, 튀긴 음식, 육류 등은 일시적으로 기분을 좋게 해주지만 결국 소화불량, 체중 증가 등으로 더 심한 우울함에 빠지게 한다.

물론 이 사실을 모르고 마구 먹는 사람이 있을까? 그렇다. 우리는 머리로는 이미 다 안다. 알지만 자기의 기분조차 조절하지 못하고 자주 그런 일을 벌인다. '내 안의 또 다른 나'라는 말이 있듯이 인간은 양면적 성격을 지니고 있다. 긍정성과 부정성은 지킬 박사와 하이드처럼 우리 안에 함께 있다. 우리는 어떤 상황에서는 긍정성을 발휘하다가도 또 어떤 상황에서는 부정성이 튀어나온다. 특히 청춘은 사랑과 행복에 예민해지는 시기이기 때문에 쉽게 낙관적이다가 쉽게 비관적으로 돌변하는 성격적 특성이 있다. 사람들에게서 사랑을 받으면 모든 것에 낙관적이 되다가도, 거부당하거나 인기가 없다고 생각하면 곧바로 비관적으로 바뀌는 것이다.

비관적 생각 패턴

- 무슨 말을 하고 싶어도 다른 사람이 싫어하거나 거부하면 어떻게 하나 싶어 참는다.
- 싫은 부탁을 받아도 거절하지 못하고, 누군가가 좋아도 좋다는 말 한 마디 못한다.
- 수업 시간에 내가 여기 왜 있나 하는 생각이 든다.
- 오고 싶었던 대학도 아니고, 좋아서 선택했던 학과도 아닌데, 재수까지 했는데……. 내가 하는 게 그렇지 뭐. 내 주제에 공부는 뭔 공부. 그냥 대충 살자.
- 시끌벅적한 식당에서 혼자 밥을 먹는 것도 싫지만, 친하지 않은 친구에게 애써 이야기를 꺼내는 것은 더 싫다.
- 누가 말을 걸어오면 불편하고, 대꾸하는 것도 귀찮다.
- 친구들은 나를 왜 이상하다는 듯이 쳐다볼까? 왜 나한테만 저렇게 말할까? 기분이 나쁘다.
- 남들처럼 연애하고 싶지만, 나 같은 게 무슨 연애냐! 기대도 안 한다.

낙관적 생각 패턴

- 조용한 성격의 친구에게는 그 친구가 부담을 느끼지 않도록 차분하게 다가간다.
- 친해지고 싶은 친구에게는 언제나 먼저 다정하게 말을 건다.
- 때로는 혼자만의 시간을 가지지만, 그것이 비참하거나 서글프지 않다.
- 잘 모르는 것은 얼른 배워야겠다.
- 사람들과 친해져서 서로를 함께 알아가야겠다고 생각한다.
- 비록 오고 싶었던 대학, 하고 싶었던 전공은 아니지만 기왕 이 자리에 있으니 제대로 공부하고 싶다.
- 공부가 마음먹은 것과 달리 잘 안 될 때도 있지만 다음번에는 더 잘해야겠다고 다짐한다.
- 조금씩 나아지고 있다고 생각하고 잘 버텨내고 있는 자신이 기특해서 칭찬해주고 싶다.

똑같은 상황에서 하게 되는 비관적 생각 패턴과 낙관적 생각 패턴을 보니 어떤가? 이 두 패턴은 처음에는 별 차이가 없지만, 시간이 지날수록 정반대의 결과를 가져온다.

혜원이는 상담을 받으면서 비관적 생각 패턴에 빠져있음을 깨달았다. 혼자서 상처받고 힘들어하면서 아무와도 소통하지 않고 스스로를 더욱 고립시켜왔다는 사실을 깨달은 것이다. 자신이 먼저 다른 친구들에게 마음을 열고 다가가려는 노력을 솔직히 제대로 해본 적이 없고, 친구에게 자신의 힘듦을 먼저 이해시키려고만 했다는 것을 알았다.

돌이켜보면 심장이 멈출 것처럼 갑갑한 생활이었다. 역기능적인 행동을 보이는 청소년들이나 흔히 '문제아'라고 일컬어지는 집단이나 개인을 '병적인 심리 상태'에 있다고 보면 끝없이 병적이다. 그러나 조금만 생각을 바꿔 '단지 낙담하고 있는 것일 뿐'이자 '순간적으로 좌절하고 있는 것'으로 보면 상황은 달라진다. 격려하는 말과 행동은 생각보다 훨씬 큰 힘을 실어주는 효과가 있기에 사람을 얼마든지 변화시킬 수 있다. 그래서 정신의학자 알 프레드 아들러는 상담자들에게 '격려의 길'을 갈 것을 강조한다.

격려는 열등감을 펼칠 수 있는 중요한 도구 중 하나다. 아들러는 상대방의 감정과 의도에 공감하며 경청하는 태도가 상대방에게 자존감을 부여한다고 했다. 신뢰받고 있다는 것을 느끼게 함으로써 열등감을 디딤돌로 삼으려는 지렛대 역할을 시도하는 것이다. 자신이 알고 있는 자신과 남이 알고 있는 자신이 다르다는 것을 알게 됨으로써 긍정적인 피드백을 받도록 하면 효과적이다. 그러나 긍정적인 피드백은 개인적으로 받는 것보다 전체나 집단이 모였을 때 하는 것이 긍정의 효과와 신뢰를 높일 수 있다. 따라서 자신의 모습 중 장점과 강점, 자원 등을 솔직하게 탐색하는 일이 필수적이다. 그러면서 순간적 또는 주기적으로 자신을 낙담시키는 내적인 것과 외적인 것을 구분하여 찾아보면 어떤 것이 나를 힘들게 하는 주범인지를 알 수 있다.

"제가 살았던 지방 사람들은 좋은데, 서울 사람들은 너무 가식적이라고 생각했어요. 왜 집을 떠났을까 하며 서러워만 했죠. 친구들이 나를 보는 눈빛이 이상하다고 생각해서 '왜 저들은 나를 못 잡아먹어서 안달일까?' '내 어느 부분이 마음에 안 드는 걸까?' 하고 모든 것을 계속 비꼬았어요."

혜원이는 친구들에게 먼저 다가가려면 어떻게 해야 할까를 스스로에게 질문하기 시작했고, 무엇부터 바꾸어야 하는지 고민했다. 먼저 경상도 특유의 '틱틱'거리는 말투부터 고치기로 했다. 친구들이 자신의 말투를 흉내 내면서 놀리는 것에 화만 났었지, 그 말투가 서울 사람들에게는 불쾌하게 들린다는 것은 생각해본 적이 없었던 것이다. 화가 나서 한 말이 아니었음에도 듣는 상대방은 마치 혜원이가 잘못을 지적하는 것처럼 느낄 수도 있겠다 싶었다. 또한 친구들에게 먼저 다가갈 적에 너무 머쓱해서 그냥 웃어주는 것부터 시작했다. 유별날 것 없는 방법이다. 그런데 그 행동이 관계에 있어 말문을 트이게 했다. 누구와도 대화할 수 있는 감각을 얻은 것이다. 그리고 그것이 생각의 패턴 자체를 바꾸게 했다.

'괜찮아, 그럴 수도 있어, 잘하고 있어', '사람들과 친해지면 괜찮을 거야', '어떻게 하면 안 좋은 감정을 다시 겪지 않을까?', '무엇부터 하면 될까?', '내가 먼저 다가가려면 어떻게 해야 하지?' 이런 식의 자기 암시와 질문을 스스로에게 계속하게 했다.

"이제는 부정적인 생각들에서 벗어났고, 긍정적으로 생각하고 있어요. 나쁜 생각이 너무 많이 드는데, 그때마다 나 자신을 한 대 세게 치거나 꼬집으면서 정신을 차리게 해요. 생각의 고리 자체를 이번 기회에 아예 긍정적으로 바꾸고 싶거든요."

창의력으로 경쟁하는 대표적인 직업이 예능 프로그램 PD이다. 한 시대를 대표하는 인기 예능 PD였고 경인방송국 사장이었던 주철환 씨는 방송국 사장으로서 입사 면접을 볼 때, 가장 중요하게 보는 것이 '명랑함'이라고 했다.

명랑함은 어떻게 길러지는가? 그런 것은 타고나야 하지 않을까? 주철환 씨가 말하는 명랑함은 타고난 발랄함과는 다른 것 같다. 그는 '마음먹기에 달렸다'는 말을 '마음먹고 달려라'는 뜻으로 재미있게 풀이한다. 힘들고 갈피가 잡히지 않는 일은 마음을 단단히 먹고 꾸준히 달리면 잘된다는 것이다.

"그 일이 잘될까?" "왜 잘 안 되지?"라고 친구가 말할 때 우리는 흔히 "야, 마음먹기 달렸어"라고 답한다. 무작정 밝고 긍정적으로 마음먹으라고 할 게 아니라, 마음을 먹었으면 제대로 달리라고 말하자. 마음먹고 열심히 달리는 것이 바로 명랑함이 아닐까 싶다.

비관적인 생각 패턴에 빠져있으면 오해할 일밖에 생기지 않는다. 그건 말 그대로 혼자만의 오해인 것이다. 그 오해의 벽은 긍정적 생각의 패턴으로 허물 수 있다. 자신에게 있는 부정적 생각의 패턴을 하나하나 긍정적 패턴으로 바꾸어갈 때, 내적 명랑함과 밝음이 나온다.

긍정적인 마인드로 뇌 구조 자체를 개조하겠다는 목표를 세웠다면, 그렇게 하기로 마음을 먹었다면 열심히 달리자. 세상 모든 일은 마음먹기에 달리지 않았는가!

내 색깔에 맞게,
내 속도에 맞게

군대라는 조직에서 생활을 하면서 스스로의 문제점을 깨닫고 힘들어했던 준영이라는 학생이 있었다. 그는 입대 전에 반수를 해서 대학에 다시 입학했다. 요즘은 재수하는 사람이 많아 새로 들어간 학교에 적응하는 것은 그리 힘들지 않았다. 그런데 입대를 하면서 자신의 사회적 적응력에 관해 고민하게 되었다.

그때까지만 해도 준영이는 자신이 사회 속에서 어떻게 보이는지 크게 신경 쓰지 않고 살았다. 솔직히 그럴 필요도 없었다. 학교에서는 특별히 말썽을 피우지 않고 성실하면 괜찮은 학생이 되기 때문이었다. 그러나 준영이는 '괜찮은 학생'도 아니었다.

어떤 이유로 준영이는 군대, 학교 등에서 적응하지 못했던 것일까?

준영이는 군대라는 엄격한 규칙 아래 상하 관계가 확실한 조직

생활을 처음 경험하면서 자신을 한층 객관적으로 바라보게 되었다. 군대에서 선임이나 간부들에게 혼날 때, 속된 말로 '털 때' 누구나 기분이 나쁠 수 밖에 없는데, 자신은 그런 상황에 유독 더 취약했다.

서글서글한 친구들은 혼이 나도 웃으며 바로 푸는데, 준영이는 절대 그렇게 할 수 없었다. 최대한 괜찮은 척해도 잠을 못 이룰 정도로 그 일을 곱씹다가 지치는 일이 많았다. 그리고 스스로를 자꾸 검열하면서 남들의 시선에 지나치게 신경을 썼다.

'소심하고 뒤끝 있고 꽁한' 성격을 가진 좋은 사람이 있을까? 준영이는 이런 티가 나는 게 싫어서 마음을 숨겼다. 물론 털털한 성격으로 바꾸고 싶었지만 잘되지 않았다. 이제까지 몰랐던 자기 성격의 단점을 발견하고 나니 자신이 싫었고, 자신감도 많이 떨어졌다. 군대생활 전체가 그에게는 너무 힘들었다.

복학을 해서도 마찬가지였다. 동기들과는 다르게 준영이는 1학년 1학기만 하고 군대를 갔기 때문에 1학년으로 복학하게 된 것이 문제라면 문제였다. 복학하고 보니 동기들은 다 취업 때문에 휴학 중이거나 아직 군생활을 하고 있었다. 학교를 옮겼을 때처럼 다시 외톨이가 된 기분이었다. 학기 초반에는 학교생활과 관련하여 모르는 것도 많았다. 그러나 준영이는 같은 처지의 친구를 찾지 못했고, 의지하거나 물어볼 사람도 만들지 못했다. 과 후배에게 먼저 인사하면서 다가가거나 말을 걸고 싶었지만, 복학생이라는 이미지가 좋은 것 같지는 않아 지레 포기하기 일쑤였다.

대인관계에 관해서라면 아무리 이미지 트레이닝을 해도 실제 상황에는 적용할 수가 없었다. 주위의 외향적인 친구한테서 조언도 받아봤지만 자신감이 잘 생기지 않았다. 막연하게 군대에 갔다 와서 복학하면 자신의 내성적이고 소심한 성향이 고쳐질 줄 알았는데 오히려 반대였다. 자신을 검열하는 습관이 더 생기고, 사람들의 반응에 지나치게 의식하면서 자신 안으로 더욱 갇히고 만 것이다.

못난 성격도 나를 만드는 진정한 모습이다

예전 개그콘서트에 '나 동혁이 형이야'라는 코너가 있었다. 그 코너의 주인공인 동혁이는 복학생이다. 군대 갔다 온 사이에 대학 문화가 바뀐 것을 알고 충격을 받는다. 그러나 그는 어떤 때는 멍청하기도 하고, 또 어떤 때는 뻔뻔하기도 하다. 그러면서 '복학생'이란 신분으로 나름대로 적응을 해간다.

누구나 그런 과정을 경험하지 않고서는 홀로서기를 할 수가 없다. 군 입대 전에는 소심하고 남자답지 못한 성격이었는데, 전역 후에는 딴 사람이 되어 돌아오는 경우도 있지만, 정반대의 경우도 많다. 군 생활 중에 고문관 노릇을 하고 왔든, 인간관계가 너무 어려워 왕따를 당하고 왔든 전역하는 순간 잊어야 한다. 복학했으면 복학생으로 다시 시작하고, 입사했으면 신입으로 다시 시작해야

한다.

그러나 다시 시작하는 것이 말처럼 쉽지가 않다. 어쩌면 그것은 당연하다. 《10년 후 미래》라는 경제학 책에 '딥 팩터deep factor'라는 용어가 나온다. 딥 팩터는 간단히 말하면 '시간이 지나도 변하지 않는 본질' 같은 것이다.

저자인 대니얼 앨트먼 교수는 경제학적 용어로 사용하지만, 분명히 사람에게도 딥 팩터는 존재한다. 나이가 들어도 변하기 힘든 본질적인 부분이 바로 딥 팩터인 것이다. 앨트먼 교수는 딥 팩터가 변하려면 약 10~20년이 걸린다고 했다. 20년 넘게 대인관계를 맺어온 습관이 고작 몇 달 만에 바뀌기는 어렵다. 먼저 말을 걸고 사람들에게 다가가는 습관이 몸에 배려면 생각보다 훨씬 오랜 시간이 필요할 것이다.

단시간 안에 변화를 바라는 것은 자신이 쌓아온 모든 것을 쉽게 부정하는 것일 수 있다. 우리는 신이 아니다. 마음먹는다고 자신을 바꿀 수 없다. 단기간의 변화하는 것은 가면을 쓴 속임수일 뿐이다. 아무리 나쁜 버릇이라도, 그것이 자신을 만드는 진정한 모습일지도 모른다. 때로는 이런 사실에 대해 자신의 의견을 표현할 필요가 있다. 물론 남들이 싫어하는 부분이 있다면 고치려고 노력하는 것이 맞겠지만, 내향적이고 소심한 면은 그런 성질의 것이 아니지 않는가?

나 자신이 가진 수많은 장점을 무시하고 단점 한두 가지에 초점을 맞추어서 변화를 다그치지는 말자. 자기계발서의 고전《인간관계론》으로 유명한 데일 카네기는 인간관계를 잘하는 방법 중에서 '경청'을 특히 강조했다.

흔히 내향적이고 섬세한 사람은 다른 사람에게 먼저 다가가는 데는 서툴지만, 다른 사람의 말을 잘 들을 줄 안다. 말하는 사람에게 100퍼센트 관심을 기울여서 들어주는 등의 자신만의 장기를 계발하면 대인관계를 수월하게 이끌어갈 수 있다. 반드시 자신의 단점을 한꺼번에 뜯어고쳐서 대인관계의 문제를 풀어야하는 것은 아니다. 내 색깔에 맞게, 내 속도에 맞게 바꿔가면 된다.

그런데 누구나 잘하는 일과 못하는 일이 있다. 빨리 변할 수 있는 일과 천천히 변할 수 있는 일도 있다. 그러므로 여유를 갖자. 우선 나는 좋은 방향으로 변하고 있다는 확신을 가지고, 빨리 변하지 않는다고 자신을 다그치지 말고 천천히, 그러나 꾸준히 노력하자.

자존감은 신중함을 심어준다. 경솔함은 청춘의 트레이드마크가 아니다. 청춘은 내가 지금 어디에 뜻을 두고 있으며 어디로 향하는지 곰곰이 생각해볼 때다. 따라서 나의 관심 방향에 대한 재점검이 필요하다. 추상적인 어떤 것이 아니라, 보다 구체적이고 의미와 가치 있는 일에 중점을 두라. 자존감이 높을 때 긍정은 전염되고 전파된다.

《달팽이가 느려도 늦지 않다》라는 책의 제목처럼 성격계발을 하면서 자신을 꾸준히 다듬는다면, 얼마든지 마음먹은 대로 좋아질 수 있다.

빛나는
인생에서의
봄

실패와 좌절 속에
핀 꽃, 자신감

한국인에게는 3대 콤플렉스가 있다는 말이 있다. 천재 콤플렉스, 성공 콤플렉스, 미모 콤플렉스가 그것이다. 그중에서도 천재 콤플렉스는 아주 어린 시절부터 자연스럽게 만들어진다. 유치원에만 가도 내 아이는 천재가 될 수 있고, 심지어 '천재는 만들면 된다'는 인식이 강하게 뿌리박혀 있다.

뭔가를 조금만 잘해도 "우리 ○○이는 천재야!"라는 칭찬을 해주고, "어머님, 아이가 천재네요." 하는 말을 연발한다. 이 때문에 아이들 모두는 한때 천재가 아니었던 적이 없다. 또한 결국 자신이 천재가 아니라는 사실을 깨닫고 좌절 한번 해보지 않은 이가 없다.

다음에 소개하는 소원이의 사례는 재능과 천재성에 대한 우리의 열등감에 대해서 생각할 거리를 던져준다.

소원이는 남들 앞에서 이야기하는 것을 좋아하고 성격도 활달해서 초등학생 시절 내내 반장, 부반장을 도맡아 해왔다. 자연스럽게 자신은 누구보다 자신감이 강하고 리더십이 있는 사람이라는 자기개념을 갖게 되었다.

그러나 중학교에 진학하면서 급격하게 자신감을 잃어버리고 말았다. 공부 때문이었다. 그녀는 1학년 1학기에 반장이 되었지만, 성적이 좋지 않았다. 나름대로 열심히 공부했지만 수업을 따라갈 수 없었다. 반 아이들이 공부를 잘하는 사람이 임원이 되어야 한다고 생각하는 것 같아서 계속 친구들의 눈치가 보였다. 그래서 더욱 열심히 노력했지만 오히려 성적은 더 나빠졌고, 나중에는 제발 학기가 빨리 끝나기만을 기다렸다. 그때 이후 10대 시절 내내 다른 사람들 앞에 당당히 나서지 못했다.

고등학교에 진학한 뒤에는 기를 쓰고 공부했다. 하지만 무엇이 문제인지 성적은 계속 바닥이었고, 속상한 마음에 시험 기간이 되면 눈에 띄게 침울해졌다. 이런 마음을 이해받고 싶어서 친구들 앞에서 자주 울었는데, 처음에 위로해주던 친구들도 계속 같은 일이 반복되자 멀어졌다. 그 결과 친구들과 어울려 놀기를 좋아했던 소원이는 고등학교 2학년부터 왕따가 되었다. 고교 시절이 가장 아름다운 때라는 말이 너무 듣기 싫었다. 그때의 자기 인생을 지울 수만 있다면 지우고 싶었다.

"전 디자이너가 되고 싶었어요. 그런데 집안 형편이 좋지 않아서 입시미술학원에 다닐 수 없었죠. 그런데 어디서 그런 용기가 나왔는지 고2 여름방학 때 무작정 학원에 찾아가서, 처음 보는 학원 선생님에게 집 사정을 이야기했어요. 상담 후 선생님은 흔쾌히 학원비의 절반을 깎아주셨어요. 그때부터 어려운 형편에도, 또 남들보다 많이 늦었지만 미대 준비를 할 수 있었어요."

소원이는 자신의 적극적인 행동에 자부심을 가졌지만, 막상 시작한 그림에서는 실력이 신통치 않았다. 당연히 어릴 때부터 화가가 꿈이었고 스스로 재능이 많다고 생각했는데, 재능 있는 아이들 사이에 섞이니 자신의 재능이 너무 보잘 것 없는 것이 두드러졌다. 유일한 희망이라고 생각하며 마음에 품고 있었던 그림에서조차 학교에서 공부할 때 느낀 패배감을 또 다시 맛보았다. 하지만 열심히 그림을 그렸고 포기하지 않았다. 성적이 좋지 않아서 대학에 못 갈 것이라고 생각하던 아버지도 딸이 열심히 하는 모습을 보면서 기특하게 생각했다.

그러나 결과는 불합격이었다. 미대에 가기 위해 재수한다고 하니 아버지의 반대가 너무 거셌다. 그것이 많이 섭섭했지만, 어떻게든 아버지를 설득하고 싶었다. 소원이의 머릿속에는 '내가 어떻게 시작한 그림인데'라는 생각과 '디자이너가 정말 되고 싶다'는 생각뿐이었다.

하루 종일 기운 없이 울고만 있던 소원이에게 순간 초등학교 성적표가 떠올랐다. 성적표를 꺼내보니 6년 내내 특기 사항과 꿈을 적는 난에 '화가'와 '디자이너'라고 씌어있었다. 설득할 수 있는 방법은 이것뿐이라고 생각하고 편지와 함께 성적표를 부모님께 보여드리며 호소했다. 진심이 담긴 간절한 설득이 통했는지 그녀는 재수를 시작할 수 있었다. 하지만 입시학원은 다니지 않기로 했다. 스스로 원하는 것을 생각해보니 혼자 조용히 공부할 수 있는 시간과 공간이었다. 그래서 독서실에 등록했고, 10개월 동안 그곳에서 가장 먼저 출석하는 학생이 되었다. 혼자 밥 먹고, 혼자 공부하고, 밤에는 그림을 그렸다. 마음이 안정되다 보니 성적도 많이 올랐고, 그림 실력도 좋아지는 것이 눈에 보이기 시작했다.

신께 감사해, 내가 천재가 아닌 걸

소속감이 없는 불안한 스무 살이었지만 외로운 것 빼고는 괜찮았다. 친구들이 신나게 잘 노는 모습이 부럽기도 했지만, 조용하고 성실하게 하루하루 사는 것이 행복했다. 결국 소원이는 인고의 시간 끝에 지난해에 떨어졌던 디자인과에 당당히 합격했다.

학생들이 대부분 대학생활을 시작하며 방황하는데, 소원이는 비교적 안정된 마음으로 공부를 시작했고, 4년을 잘 마쳤다. 지금은 한 중견 디자인 회사 소속 디자이너로 벌써 3년차가 되었다.

"아직 모르는 것도 너무 많고, 힘든 일도 무지 많아요. 그런데 힘든 일이 생길 때마다 확실히 다른 동기들에 비해서는 잘 버티는 것 같아요. '이 정도 힘든 건 아무것도 아니야', '잘 버티면 힘든 일은 지나갈 거야', '노력하면 천천히 나아질 거야' 같은 말을 저에게 계속하게 되요. 아무래도 어렵게 그림을 시작했고, 또 어렵게 디자인 공부를 해서 그런 것 같아요. 힘든 것으로 따지면 요즘이 훨씬 더 심하지만, 마음이 힘든 것은 10대 시절이었거든요. 오히려 지금 힘든 건 아무것도 아니라고 생각하게 되요."

인간에게 가장 보편적인 감정 중 하나가 열등감이다. 이는 다른 사람과 끊임없이 비교하는 감정인데, 비교는 가족이나 다른 사람과의 상호작용에서 발생되는 것이다. 이때에는 '얼마나 다른 사람에게 의존하며 살았느냐'에 따라 정도의 차이가 많이 날 수 있다. 그래서 아들러는 인간에게 보편적인 감정이 열등감이라고 했다. 열등감은 자기발전을 위한 자가발전기의 역할을 담당한다. 발전기의 능력이나 힘은 원동기인 모터의 힘과 비례하듯 인간의 느낌이나 열등감 모두가 다르며, 정상적인 환경에서 순간마다 얼마나 많이 불안해하느냐가 결국은 열등감을 증폭시키는 방전의 원인이다.

사람들은 에너지를 얻기 위해 열심히 노력하며 최선을 다해 긍정 에너지를 생산하려고 한다. 이때 생산된 에너지를 잘 활용하

여 기대 이상의 효과를 얻어 주변 사람들로부터 더 많은 칭찬이나 보상을 얻었다면, 이 경험 자체가 결국은 성공이고 행복임을 알고 더 이상 열등감의 올무에 빠져들지 않게 된다. 긍정 에너지가 '앞으로 나아가려는 성장'이라는 발전기에 들어가면 계속 더 많은 열정을 불태우려는 열망이 생기기 때문이다. 이것이 자가발전의 원리다. 그 에너지는 어두움을 밝히는 밝은 전깃불을 만들어내고, 그 환한 빛은 끊임없이 자기 자신과 더 많은 사람에게 비추고 싶은 성취 욕구를 끌어올리는 원동력이 된다.

지금 소원이는 10대 시절에 힘들게 공부하고, 어렵게 실력을 쌓은 것에 오히려 고마움을 느끼고 있다. 한때는 '나는 재능이 너무 없어. 이런 내가 디자인을 해도 될까?'라는 생각에 괴로웠는데, 힘든 시기를 일찍 겪고 나니 자기비하 같은 감정보다는 자신에 대한 믿음이 중요하다는 사실을 배울 수가 있었다. 그것은 누구나 가지고 있지만, 아직은 눈에 띄지 않는 가능성에 대한 믿음인 것이다.

"자신을 먼저 믿어야 다른 사람도 믿을 수 있다는 얘기를 후배들에게 자주 말해요. 꾸준히 노력하면 언젠가는 이루어져요. 자신은 무한한 가능성을 지닌 사람이라는 것을 잊지 않는 것이 중요해요."

솔직히 인정할 건 인정하자. 주변에 천재는 있다. 똑같이 공부를 해도 그들은 감각이 타고나서 더 높은 성적을 거둔다. 아무리 노력 운운해도 재능있는 이와 평범한 이는 출발선 자체가 다르다. 카이스트의 학생들에게 물어보면 공부도 재능이 있어야 한다고 말한다. 우리가 생각하기에 수재들뿐인 것 같은 그들조차도 재능이 있고 없는 층이 나누어져있는 모양이다.

그 위대한 과학자인 알베르트 아인슈타인조차 "나에겐 특별한 재능이 없다. 단지 모든 것에 열렬한 호기심이 있을 뿐이다"라고 한 마당에, 재능에 있어서 열등하지 않은 사람이 얼마나 있겠는가? 아인슈타인은 물리학자인 핸드리크 안톤 로렌츠에게 이렇게 편지를 쓰기도 했다.

"당신과 대화를 나누는 것은 제게 큰 기쁨입니다. 그 순간에는 당신에 대한 지적 열등감을 잊어버리고 맙니다. 그것은 누구에게나 자애롭고 친절하게 대하는 당신이, 상대방이 실망감을 느끼지 않도록 세심하게 배려해주기 때문입니다."

이 말은 상대에게 질투를 느끼는 대신에, 한 명의 인간이자 동료로서 자신이 보낼 수 있는 최대의 존경을 담은 것이다.

소원이의 경우처럼 실패와 좌절을 많이 겪으면, 오히려 재능보다 더 중요한 것이 무엇인지 빨리 깨달을 수 있다. 바로 자신에 대한 믿음, 이것이 한자 풀이 그대로 자신감(自信感) 아닌가?

계속 부딪혀보고 도전하면서 알아가자. 남들의 평가에 의해 좌우되는 재능이 아닌, 스스로의 평가에 의해서만 오로지 점검할 수 있는 자신에 대한 믿음을 말이다. 겨우 몇 번 해보고서 '난 재능이 없다'고 판단하고 포기할 게 아니라 계속 시도하면서 '나는 정말로 내가 잘될 거라고 믿고 있는가? 나는 내 자신을 믿는가?'라고 질문하고 답을 찾자.

어떤 학생이 열등감에 대한 이야기를 하면서 학창 시절 자신이 좋아했던 다이나믹 듀오의 〈파도I Know〉라는 곡을 나에게 알려줬다. 가사가 예술이다. 열등감과 재능에 대한 명쾌한 답이 들어있어서다.

'아직 나도 잘 모르겠어. 내가 누군지 / 도대체 뭘 하고 있고, 또 뭘 하고 싶은지 / 내 지루한 하루는 왜 매일 똑같은지 / …… 온종일 오직 내일에 대한 고민만 / 가버린 어제를 탓하며 맘을 졸인다 / …… 신께 감사해 내가 천재가 아닌 걸 / 난 알아 열등감만이 날 움직이는 걸'

자기애,
내 마음의 북극성

페르디난드 마젤란, 크리스토퍼 콜럼버스, 아메리고 베스푸치 같은 위대한 탐험가들은 신세계를 찾아 떠날 때 지도가 아예 없었거나, 그나마 있던 지도들도 위험스러울 정도로 부실했다. 그래서 당시에 붙박이별이라고 믿었던 북극성을 따라 항해했다.

자기내면으로 여행을 떠나는 모험을 위한 완벽한 지도 역시 있을 수 없다. 완벽은커녕 과거의 안 좋은 기억들과 그에 따른 감정들 때문에 쉽게 길을 잃을 수도 있다. 그래서 북극성처럼 변하지 않는 자신을 향한 믿음 하나가 있어야 한다.

슬기는 이성적이고 때로 너무 날카롭다는 평을 듣곤 했다. 그런데 그녀가 대학원을 가면서 누구보다 부드럽고 사랑스러운 모습으로 탈바꿈했다. 스스로도 자신의 숨겨진 아름답고 능력 있는 모습을 발견한 데 무척 기뻤다. 그녀를 바꾼 것은 '사랑'이었다.

한 남자를 사랑하면서 정서적으로 겪은 변화는 엄청났다. 이전에는 느낄 수 없었던 감정을 느끼고, 시간이 지날수록 자신이 얼마만큼 인내심이 있는지, 상대방을 얼마만큼 이해할 수 있는지, 이런 점들에 대해 놀라우리만치 긍정적인 자신의 모습을 발견할 수 있었던 것이다.

"이렇게 행복해도 되나 싶을 정도로 하루하루가 늘 사랑으로 넘쳐났어요. 행복과 사랑받고 있다는 감정이 하나씩 쌓여갈 때마다 나는 세상에서 제일 가치 있고 행복한 사람이라는 생각이 들었어요. 무슨 일이든 자신감을 가지고서 해낼 수 있고, 또 열심히 하면 훌륭한 성과도 낼 수 있다는 생각이 자연스럽게 들었죠."

슬기의 남자친구는 그녀의 장점뿐만 아니라 단점도 따스하게 감싸주었다. 이러한 점은 그녀에게 '내 모습 그대로도 사랑받을 수 있구나'라는 생각이 들게 하였다. 그러다 보니 자신도 다른 사람을 그 모습 그대로 자연스럽게 받아들일 수 있게 되었다. 또한 자신 말고도 모든 사람이 사랑받을 가치가 있다는 생각도 들었다. 그래서 다른 사람을 자기 잣대로 판단하기보다 그 사람의 장점을 더 보려고 노력하게 되었고, 가급적 있는 그대로 보려고 애쓰게 되었다.

슬기는 남자친구에게 계속 사랑과 격려를 받으니 더 예쁘고 능력 있어 보이고 싶었다. 그래서 평소보다 외모를 더 가꾸고 공부도 더 열심히 했다. 주변에서 예뻐졌다는 이야기도 많이 듣고, 장학금을 받는 놀라운 경험도 했다.

자연히 주변 사람들에게 긍정적인 피드백을 많이 받고, 자신의 모습도 만족스러워지니 슬기에게서는 긍정적인 기운이 넘쳤다. 예전에 '까칠하다'고 했던 그녀에 대한 평가가 바뀌었다.

"만약 그때 남자친구를 만나지 않았다면 지금 나는 어떻게 되었을까를 생각해봐요. 행복하고 값진 시간을 경험했기 때문에 앞으로 더 자신감을 가지고서 살 수 있을 것 같아요. 나도 누군가를 사랑할 수 있어요. 그리고 사랑받을 자격을 갖추기 위해서 계속 노력하고 싶어요."

조건, 언제나 나를 받아들이기

온전한 자기수용을 경험한 적이 있는가? 연애가 주는 가장 큰 선물은 '자기수용', 즉 '나는 있는 그대로 사랑받을 만한 사람'이라는 인식이 생기는 것이라고 할 수 있다. 물론 자기수용이 꼭 연애로만 이어지는 것도, 연애를 한다고 해서 반드시 자기수용이 이뤄지는 것도 아니다. 다만 있는 그대로의 자신을 받아들이는 것은 쉬운 일이 아니기 때문에 대부분 커다란 심적 변화를 겪어야 자기

수용을 이룰 수 있다.

자신을 있는 그대로 받아들이면 주변 사람들을 덜 비판하고 덜 비난하게 된다. 주변 사람들 역시 자신을 잘 받아들이는 사람에게 안정감을 느끼며 우호적이 된다. 생각해보면 당연한 일이다. 내가 나를 받아들이지 못하는데, 다른 사람이 그런 나를 어떻게 받아들이고 지지를 보낸단 말인가. 나 자신도 나를 좋게 보지 않는데 남들이 잘 봐주길 기대하는 건 어딘가 앞뒤가 맞지 않는 것이다. 만약에 자신은 받아들이지 않으면서 남을 있는 그대로 받아들이는 사람이 있다면, 그 사람은 가면을 쓰고 위장했을 확률이 높다.

자신을 받아들이는 사람은 우울함이나 불안함의 수준이 낮고 삶의 만족도가 더 높다는 연구 결과도 있다. 이 역시 당연한 결과다. 자신을 비난하고 통제하지 않으니 편안하며, 다른 사람들도 편안하게 대할 수 있어 사람들에게 긍정적인 피드백을 많이 받을 수 있기 때문이다. '저 사람과 함께 있으면 나를 있는 그대로 받아들여주고 긍정적인 느낌을 갖게 돼'라는 인상을 주면서 사람들을 더욱 끌어당긴다.

그렇다면 어떻게 해야 자기를 있는 그대로 받아들일 수 있을까? 스스로를 비판하려는 마음에 완전히 항복했을 때에야 가능하다.

"이런 나를 어떻게 인정할 수 있겠어요?"
"내가 이 모양인데 그대로 받아들이라고요?"

"이런 면을 고치지도 않았는데요?"

여기저기서 볼멘소리가 들린다. 누구나 과거에 겪은 사건 중 부정적이고, 감추고 싶은 것이 있다. 그래서 자신과 세상에 대해서 너무나 못마땅하다. 내 안에서는 감정의 왜곡과 부정적 사고가 뒤엉켜서 스스로를 통제하고 비판하는 칼날이 서 있다.

내가 이런 상태인데 어떻게 자기를 비판하려는 마음을 내려놓을 수 있다는 말일까? 그러면 스스로를 미워할 자격이 '나에게' 있는가를 물어보자. 이런 내가 싫다고 정말로 나 자신을 싫어할 수 있는가? 잘 생각해보라. 나는 무조건 받아들여야 할 존재이다. 자신을 있는 그대로 사랑하는 일은 선택사항이 아니다.

우리는 스스로를 얼마나 미워할 수 있을까? 이를테면 무신경한 친구가 내 외모를 흠잡아 놀릴 때 분노하는 나를 나 자신의 본래 모습으로 인정할 수 있을까? 나아가, 나는 친절하지 못한 사람인가?

미술의 기법 중에 콜라주라는 기법이 있다. 파블로 피카소, 조르주 브라크 등 입체파 화가들이 시작했다는 이 기법은, 어울리지 않는 재료들을 모아 사슴이나 코끼리 같은 하나의 이미지를 만든다. 그 속에는 인쇄물도 있고, 천도 있고, 쇠붙이도 있으며, 나뭇조각이나 나뭇잎, 모래도 있다. 콜라주로 만든 이미지는 사슴인가, 나뭇잎인가? 아니면 나뭇잎도 모래도 아닌 이질적 혼합물의 집합체인가?

　자기 자신을 받아들이는 데 있어 중요한 것은 '무조건'과 '언제
나'이다. 인정할 수 없는 이질적 집합을 이해할 필요가 있는 것이
다. 자신이 어떤 상황에 처해있든, 어떤 일을 벌였든 나는 언제나
나라는 사실이다. 나를 절대적으로 지지하고 믿어주는 '나'가 있는
한 나는 더 멋진 사람이 되려 할 것이다. 이런 면에서 자기수용은
긍정적인 에너지의 시작이자 출발점이다. 자기를 받아들여야 자
신의 삶을 찾아 떠나는 진정한 모험을 시작할 수 있다.

　나는 어떤 후회 속에서도, 어떤 죄책감에도 나 자신을 오롯이 받
아들이겠다, 단지 '나'이기 때문에 그렇게 하겠다고 마음먹자. '나'
라는 존재를 받아들여 사랑하는 일은 나의 선택이 아닌 의무다.

취업은
성적순이 아니라구요?

많은 20대가 발등에 떨어진 불같은 '취업'을 앞두고 성적 때문에 우울해하는 것이 당연하다고 생각한다. 그러나 따지고 보면 성적이 취업과 무슨 상관이 있을까? 성적으로 인해 자신에 관해 갖는 비관적인 생각은 오히려 취업준비에 방해만 될 뿐이다. 성적과 취업을 생각하며 우울해하는 것으로 미래를 변화시킬 수 없다. 그렇다고 공부하지 않은 과거를 바꿀 수 있는 것도 아니다. 바꿀 수 있는 것은 지금 이 순간밖에 없다.

현아 역시 취업을 앞두고 얼굴색이 부쩍 어두워졌다. 그녀의 집은 경제적으로 넉넉하지 않았다. 학창 시절 그녀의 부모님은 속으로는 딸이 좋은 대학에 가기를 원하면서도, 한편으로는 자신들이 교육 환경을 잘 마련해주지 못한 것 같아서 딸에게 '공부하라'는 잔소리를 거의 하지 않았다. 오히려 성적에 관해서라면 현아 스스로가 남들보다 심하게 스트레스를 받았다. 그녀는 누군가에게 지는 것을 싫어해서 자기보다 공부를 잘하는 친구를 꼭 이기겠다는 목표로 열심히 공부했다. 그녀가 밤새 공부하며 성적에 대해 불안해할 때마다 부모님이 오히려 쉬면서 하라고 그녀를 타이르기도 했다. 이렇게 해서 그녀는 자신이 원하는 대학에 가는 행운을 누렸다.

부모님이 좋아하는 것을 보고 현아는 무척 기뻤다. 자신이 너무나 자랑스러웠다. 그러나 그 기쁨은 그리 길게 가지 않았다. 성적에 애착이 많고 자기 나름의 공부법이 확고한 그녀에게 대학 공부는 낯설었다.

대학은 학업 성적이라는 하나의 목표로 경쟁하기보다는 자신만의 분야를 찾아 거기서 다양한 경험을 쌓고 성장해야 하는 전혀 다른 게임이었다. 이것이 처음에는 부담감으로, 나중에는 좌절감으로 다가왔다. 게다가 이제는 누군가를 이긴다는 것 자체가 무의미해졌다. 오히려 이 점이 현아의 기운을 떨어뜨렸다. 하나의 목표를 향해 달리는 것이야말로 자신이 잘하던, 잘할 수 있는 방식이라는 것을 알면서도 그것을 완전히 내려놓기가 싫었다.

그 결과 현아는 대학생활 내내 갈피를 잡지 못했다. 졸업반이 되었지만 아직 인생을 걸고 싶은 분야도 찾지 못했고, 학과 공부 외에는 별다르게 시도한 것이 없었다. 동기부여가 잘되지 않으니 이제까지 성적도 그저 그랬다. 그 흔한 연애도 한번 하지 못했다.

반면에 다른 친구들은 모두 각자 자신만의 색깔을 가지고 살아가는 것처럼 보였다. 공모전에 입상하거나 인턴생활을 하는 동기도 있었고, 대학생 창업 지원을 받아서 사업을 시작한 친구도 있었다. 다이어트에 성공하고 연애를 하며 몰라보게 예뻐진 친구도 있었다. 자신의 지금 처지를 생각할수록 머릿속에 한 가지만 떠올랐다. 바로 고등학생 때 열심히 노력해서 성적을 올리던 뿌듯함, 당당했던 그때 자신의 모습이었다. 그러다가 과거를 떠올리는 짓은 아무 쓸모없고, 괜히 그때의 자신을 괜히 미화하고 있다는 생각에 자신이 더 못났다고 느끼기도 했다.

"대학에 입학 했을 땐 누구보다 꿈이 많았어요. 4년 내내 장학금을 받고 다닐 거라고 호언장담했거든요. 멋지고 유명한 사람, 더 똑똑한 사람이 되고 싶었어요. 고액 연봉으로 대기업에 스카우트 제의를 받을 줄 알았죠. 지금은…… '취업'이라는 단어 외에는 모든 것이 사라진 것 같아요."

다양한 나를 경험하라

현아의 경우는 성적으로 학교생활을 판단하는 것은 무리라고 생각하면서도, 자신의 삶을 성적 하나에 옭아매게 된 사례라 할 수 있다. 특히 졸업할 때쯤이면 그 증세가 최고조에 달했다. 현아뿐만 아니다. 많은 졸업예정자들이 지난날에 대한 후회 속에서 정신적 몸살을 앓고 있다. 그들은 '부모님이 어떻게 돈 벌어서 보태주신 등록금인데…. 내가 공부를 이렇게 못해서 언제 어떻게 효도하겠느냐'며 스스로를 죄인으로 몰아간다. 하나같이 우울한 분위기를 연출하며 주변 사람들까지 힘들게 한다.

이런 심리는 '자기복잡성'이 낮아서 생긴다고 할 수 있다. 자기복잡성은 말 그대로 사회적 자기를 구성하는 여러 모습을 의미하는데, 한마디로 멀티플레이어적 능력을 가리킨다. 자기복잡성이 낮은 사람은 '나는 이것을 하면서 사는 사람'으로 자기를 한정시킨다. 그렇게 되면 자신의 분야에서 성공했을 때는 문제가 없다. 내가 좋아하는 분야에서 잘 소통하며 살 수 있다는 확신이 들고, 자신의 세계에 더욱 매진할 수 있기 때문이다.

그러나 실패했을 경우에는 문제가 심각해진다. 자신의 존재를 그 분야의 일만 잘하는 사람으로만 설정했으므로 그 분야에서의 실패를 인생에서의 실패로 여기게 된다. 수능 점수가 너무 낮아서, 학점이 좋지 않아서, 대기업에 취직하지 못해서, 고시에 계속 낙방해서, 연인과 헤어져서, 다이어트에 성공하지 못해서, 사업이 망해서 자기 인생 자체가 실패했다고 생각하는 것이다.

자기복잡성은 실생활에서는 역할과 관계에 따라 적응하는 능력을 나타낸다. 집에 가면 자녀로서의 역할을, 학교에 가면 학생으로서의 역할을, 직장에 가면 직원으로의 역할을 잘 수행해내면 자기복잡성이 높은 것이다.

가령 A라는 사람은 공부를 잘하는 학생으로서의 모습도 있지만, 집에서는 듬직하고 책임감 강한 아들이며, 친구들과 놀 때는 말을 잘 들어주고 배려심이 많은 속이 깊은 친구이기도 하다. 또 동호회에서 리더십 있는 시삽으로서의 모습도 있다.

자신의 사회적 역할과 능력을 더 다양하게 발견해간다면, 자신이라는 사람의 틀도 확장된다. 자신의 학점이 높지 않고, 수상 경력도 거의 없는 그저 그런 대학생으로가 아니라 성실성과 끈기, 책임감 면에서 누구보다 뛰어나며, 자신만의 취미를 갖고 발전시킬 줄 알고, 대인관계에서도 진지하고 인간적인 사람이라고 자신을 평가할 수 있다.

이처럼 다양한 역할과 관계 속에서 폭넓은 자기개념이 형성될 때, 스스로에 대한 이해와 사랑도 커진다. 이렇게 하면 당연히 자존감도 높아진다.

무엇보다 겨우 성적 하나로 대학생활 전체를 평가하는 것이 얼마나 어리석은 일인가? 수능 성적과 대학 입학이 목표였던 고등학생 시절에는 학생으로서의 역할만 강조하면서 사회적으로 자기 복잡성을 낮추도록 강요당한 면이 있었다.

그러나 20대는 자신도 미처 알지 못했던 다양한 모습을 발견하고 놀라워하며 기뻐해야 하는 시기다. 대학생이라면 많은 새로운 관계와 상황 속에서 자신의 면면을 발견해야 한다.

'나는 언제 기쁘지?', '어떤 공부가 가장 즐겁지?', '어떤 사람들과 있을 때 가장 활력이 넘치지?', '집에서는 어떤 딸이고 싶지?', '친구들과 있을 때는 어떤 모습이고 싶지?' 등등 여러 사람들과의 관계와 상황에 노출시켜서 자신에 대해서 알아가야 한다. 지난 시간을 후회로 물들일 시간에 지금의 시간을 바꾸어보자.

공부법에 관한 일본 베스트셀러 작가 이토 마코토도 말했다.

"오로지 한 가지 공부, 한 가지 일에 매달리지 말고 일, 공부, 취미, 지역 사회 활동처럼 종류가 다른 일을 만들어 추구해야 한다"고 말이다. 그의 말에 따르면 점과 점이 모이면 선이 되고, 선과 선이 모이면 면이 되고, 면과 면이 모이면 입체가 되듯이, 사람의 인생과 꿈 역시 마찬가지다. 자신의 다양한 모습들이 점처럼 많이 모였을 때 입체성을 띄게 된다. 이쪽에서 바라보는 이런 면, 저쪽에서 바라보는 저런 면이 다양하게 있을 때 자신의 인생 역시 풍요로워진다. 결국 이런 과정이 자신의 인생을 어떤 형태로 만들고 싶은가에 대한 해답이 될 수 있다.

꿈은 A플러스 학점이 가득한 성적표로만 그려질 수 없다. 자신의 역할과 능력을 다양하게 키워나가면 성적 하나에 일희일비하지 않게 된다. 새로운 환경과 관계 맺기에 나서서 꿈의 이미지를 입체적으로 그리자. 이것이 더 생생하고 더 현실감 있는 꿈을 꾸는 방법이기도 하다.

목표의 절박함이
나약하다면

농구 경기 시작 후 4분밖에 안 되었는데 스코어는 '9대 0'이었다. 밀튼 고등학교의 크래머 코치는 작전 타임을 요청하고 벤치로 들어오는 선수들에게 소리쳤다.

"지금 뭣들 하는 거야? 연습한 대로 하란 말이야! 정신 차려!"

벼락 같은 호통에 선수들은 땅만 내려다봤다. 경기가 도무지 풀리지 않았다. 경기 재개 신호가 울리자 밀튼 고등학교는 선수를 교체했다. 3학년 잭 홋스킨이 투입되었다. 잭은 빠른 드라이브와 패스로 상대편 수비를 뒤흔들어놓았다.

첫 2득점을 올렸다. 이어 연거푸 3점 슛을 성공시키며 순식간에 밀튼 고등학교는 11대 9로 역전했다. 고등학교 농구는 사기가 승패를 좌우한다는 말처럼 승기를 잡은 밀튼 고등학교는 이후 4쿼터 내내 앞서갔다. 잭이 반칙을 얻어내 자유 슛을 던지게 되자 상대방 응원팀은 야유했다. 하지만 그의 슛은 백발백중이었다.

잭은 밀튼 고등학교를 졸업하고 미국 대학 농구 리그에서 두 번이나 우승한 농구 명문 플로리다 대학에서 선수로 뛸 예정이다. 그의 기량을 높이 산 플로리다 대학이 그의 영입에 성공한 것이다. 잭은 전국적으로 유명인사가 되었다. 〈뉴욕타임스〉를 비롯한 언론사의 기자들이 그가 경기를 나갈 때 그림자처럼 따라다니며 취재했다. 그에 대한 기사 제목은 다음과 같다.

'한 손 밖에 없는 농구 선수가 플로리다 대학 농구에서 뛰다.'

그렇다. 잭은 오른손 밖에 없다. 왼쪽은 손은 물론, 팔꿈치 아래가 태어날 때부터 없었다.

흔히 모든 조건이 완벽할 때 가장 좋은 결과가 나올 거라고 생각한다. 그러나 정말 최고의 결과는 가장 절박한 때, 가장 절박한 사람에게 온다. 절박함은 어떻게 비롯되는가? 너무나 부족하고 모자라다고 느끼는 사람이, 자신의 깊은 열등감을 뚫고자 할 때 생긴다.

"ㅇㅇㅇ이 되고 싶은데 부모님이 반대해요."

이런 고민을 들을 때마다 되묻고 싶다.

"그 꿈이 얼마나 절박한가요?"

꿈의 절박성에 대해서 물을 때 많은 이들이 '절박하다', '간절하다'고 입으로는 답을 하지만, 막상 성공할 때까지 절박하게 매달리는 사람은 드물다. 왜 그럴까?

그 꿈이 이루기가 너무나 어렵고 황당한 것이라서 그럴까? 그렇지 않다. 실은 꿈을 이루기 위한 목표 설정 자체에서 무리수를 두기 때문이다. 한 번에 너무 '높은' 목표를 잡고 '빨리' 그것을 달성하려는 '욕심'이 실패의 원인이 된다.

가령 피겨 스케이팅을 1년 정도 배우면서 선생님에게 칭찬을 받았다고 해서 동계 올림픽 금메달 획득을 목표로 삼는다면 결과가 어떻게 될까? 그렇듯 큰 목표 설정 자체가 실패하는 이유가 될 것이다. 한 단계씩 올라가면서 그 시기에 맞는 적절한 목표를 설정할 줄 알아야 한다.

자신의 수준을 무시하고 무조건 큰 꿈이 좋다고 여긴다면 실행할 때의 막연함과 실패하면 안 된다는 심리적 부담감 때문에 빨리 지치고 얼마 안 가 포기하게 된다.

목표는 실현 가능한 수준에서 세우자

먼저 자신에게 적절한 수준의 목표를 설정하는 것이 중요하다. 달성하기가 너무 어렵다면 '나는 할 수 없다'는 자괴감에 빠져 자기 능력을 평가절하할 수 있다. 또 너무 쉬운 목표를 잡는다면 더 성장하지 못할 수도 있다.

자신의 과거 행동을 분석해서 '나는 이 정도를 해왔고 할 수 있는 사람인데, 이것보다 10퍼센트만 더 가보자'라는 식으로 목표를 설정해야 한다.

'지금까지 나는 이 정도로 움직였던 사람이지만, 내가 마음만 강하게 먹는다면 50퍼센트는 더 달성할 수 있어'라는 목표는 욕심이 앞선 것이다. '마음만 강하게 먹는다면'에서 그것은 아직 검증되지 않았다. 그렇다면 마음을 강하게 먹었는지에 대한 테스트도 목표 설정에 넣어야 한다.

그러므로 목표를 너무 추상적이거나 높게 세우지 말아야 한다. 매우 구체적으로 세분화해서 곧바로 실행할 수 있는 것부터 세워야 한다. '약간 빠듯하긴 하지만 해볼 만해' 정도가 적당하고, 이것이 이루어질 때 목표를 조금씩, 한 단계씩, 꾸준히 높여가면 된다.

비슷한 맥락으로 롤 모델 또한 자신의 환경과 수준, 단계에 맞춰 설정해야 한다. 스티브 잡스와 빌 게이츠, 마더 테레사, 아인슈타인 같은 위대한 인물은 매우 훌륭하지만 당장에 내 처지와 단계에서는 보고 배울 수 있는 것이 많지 않을 수 있다. 그들이 이루어 낸 성과와 비교해서 결국 '나는 안 된다', '내겐 그런 삶은 도저히 불가능해', '인간이 어떻게 그렇게 살 수 있을까?' 하는 회의감에 빠져들 뿐이다.

나 역시 언젠가부터 현실적인 인물로 롤 모델을 바꾸었다. 지금은 고인이 되셨지만, 한국 교계의 최고 원로이신 한경직 목사님 같은 삶을 본받고 싶다고 마음먹었다. 그분의 삶의 흔적은 내 주변 가까이에 아직 남아있고, 당대의 인물이기 때문에 훨씬 현실감이 있다.

학교의 훌륭한 선생님들이나 선배들 중에서 본받을 모델을 찾아보라. 꼭 유명인이나 굉장한 부자가 아니라도, 배울 점이 있는 사람은 얼마든지 롤 모델로 삼을 수 있다. 가능하다면 직접 나의 멘토가 되어줄 사람을 롤 모델로 삼는다면 더욱 좋다. 그들은 책 속에만 있는 미화된 위인이 아니라 가까이에서 늘 접하며 언제든 나에게 좋은 영향을 줄 수 있을 것이다.

무엇보다 비교하는 생각을 버려야 진짜로 할 수 있다. 삶의 만족을 느낀다는 것은 자기에게 몰입하면서 자기를 바라볼 때 가능하기 때문이다. "남의 떡이 더 커 보인다", "남의 집 잔디가 더 푸르다"는 동서양의 속담처럼 내 것보다 남이 가진 것이 더 좋아 보인다면 자기 목표를 이룰 수 없다.

왜 그럴까? 비교하면 자기에 대한 만족이 없어지기 때문이다. 비교하며 사는 사람은 평생 남과 비교하다가 인생이 끝난다. 오로지 불평·불만뿐이고 어떤 것 하나 다른 사람보다 좋은 것이 없다. 그런 마음은 도대체 언제, 무엇으로 채워야 가득 찰 수 있단 말인가!

행복은 상대적인 것이 아니라 자기만족이다. 언제 행복하고, 언제 불행하다고 생각하는가? 젊은 시절에 자기에게 만족함을 느낀다는 것은 쉬운 일은 아니지만, 그렇다고 꼭 어려운 것도 아니다.

제 아무리 내세울 것이 없다한들 청춘보다 더 값진 것은 없다. 이런 말 자체가 공허한가? 젊음 자체만으로 뽐내고 다닐 만하다는 배짱이 있을 때 진정으로 남과 비교하는 마음을 멀리할 수 있다.

젊으니까 해낼 수 있다, 그것은 당연하다!

나만의 이야기를
써내려 가려해

1986년 태국의 한 작은 수상 마을에 멕시코 월드컵 열기가 불었다. 물 위에 둥둥 뜬 수상 마을이었기에 그때까지 축구를 해본 소년은 한 명도 없었다. 축구 경기를 열광적으로 관람한 소년들은 '아, 우리도 축구를 하고 싶다.' 하는 소망을 품었다.

수상 마을에서 축구를 한다는 것은 불가능한 일이었다. 마을에서는 보트 경기가 유일한 스포츠였고, 마을 사람들은 물고기 잡는 이야기나 할 뿐이었다.

'우리도 축구팀을 만들면 좋겠다.'

소년들은 진지하게 뜻을 모았고, 이에 어른들은 코웃음을 쳤다.

소년들은 세계 우승을 할 팀이라며 축구팀을 당장에 만들었다. 그러나 당장 연습할 경기장이 없었다. 물 위에 뜬 데크가 전부인 마을인데 어디에서 뛸 수 있을까? 소년들은 주변에 있는 나뭇조각을 모으기로 했다. 낡은 어선과 뗏목도 모아 묶었다.

소년들은 모두 학교를 마치면 경기장 짓기에 매달렸다. 이렇게 해서 독특한 축구 경기장이 완성되었다. 물론 흔들흔들, 울퉁불퉁 데크 중간 중간 못도 있었다. 그렇지만 경기장이 생겼다는 기쁨으로 밤낮으로 공을 찼다. 연습하다 보면 곧잘 공이 물에 빠지고, 아이들도 패스하다 물에 빠지고 미끄러지기 일쑤였다. 다행이라면 이런 경기장 덕에 소년들의 발놀림은 매우 빨라졌다는 것이다. 얼마 후 한 소년이 전단지를 들고 왔다. 소식지에는 하루 동안 열리는 축구 토너먼트 경기에 대한 이야기가 실려있었다.

"우리가 할 수 있을까? 우리 실력이 어느 정도일까?"

궁금했던 소년들은 그 경기에 참가하기로 결정했다. 마을 어른들은 경기장을 지을 때와 같이 함박웃음을 터트렸다. 그러면서 새 유니폼과 축구화를 소년들에게 선물로 사주었다.

처음으로 축구화와 유니폼을 갖게 된 소년들은 신이 나서 배를 타고 경기를 하러 떠났다. 경기 당일, 소년들은 다른 팀과 처음으로 경기를 하면서 자신들이 생각보다 실력이 좋다는 걸 알게 되었다. 마을의 경기장에는 부득이하게 골대 크기를 작게 할 수밖에 없었는데, 그것도 도움이 되었다. 육지의 경기장 골대는 매우 컸고 연습할 때보다 공을 넣기가 수월했던 것이다.

놀랍게도 그들은 준결승까지 진출했다. 이어 결승전에 돌입하자 갑자기 비가 왔다. 소년들은 축구화에 물이 가득 차서 스피드를 낼 수 없었다. 결승전은 시작부터 풀리지 않았다. 2:0으로 전반전이 끝났다. 준결승까지 패기와 자신감으로 가득 찼던 소년들은 크게 절망하고 말았다. 도대체 경기를 어떻게 풀어가야 할지 답답할 뿐이었다. 비가 오니 움직임이 방해를 받았던 것이다.

그들은 과감한 결정을 내렸다. 젖은 축구화를 벗기로 했다. 그들에게는 맨발 경기가 훨씬 편했다. 연습 때처럼 물기가 가득한 운동장, 젖어서 미끄러운 바닥이 그들에게는 익숙했다. 그들의 발도 가볍고 훨씬 더 빨리 움직일 수 있었다.

후반전이 시작되자마자 골을 두 개나 넣어 동점으로 만들었다. 하지만 경기 끝나기 직전에 실점을 하고 말아서 2위에 그쳤다. 그러나 그들과 마을 사람들은 축제 분위기였다. 아무도 예상하지 못한 성적을 거둔 것 때문에 행복하고 자랑스러웠다.

이 이야기는 현재 태국 남부 최고 축구팀 중 하나가 된 '판이Pa-nyee FC'의 실화이다. 생각을 조금만 다르게 하면 물 위에서도 축구를 할 수 있다!

누구와도 나눌 수 있는 이야기

탈 스펙 중심의 채용 문화가 자리를 잡으면서 "스펙이 아닌 스토리를 만들어라"라는 말을 여기저기서 많이 한다. 스펙과 스토리의 가장 큰 차이는 무엇인가? 스펙이 경쟁 중심이라면 스토리는 '생각을 조금 다르게 하는 창조성'을 말한다.

더 이상 국내외 복지단체에서 하는 봉사활동과 국토대장정이나 배낭여행, 어학연수 등은 순수한 배움이나 취미활동이 아닌게 되어버렸다. 이제는 무엇을 해도 스펙을 쌓기 위함인지 좋아서 하는 것인지 판단하기가 어렵다. 스스로도 이력서 내용 한 줄 더 늘리기는 의미 없다고 생각하면서도 자꾸만 무언가로 채우려고 한다.

어떤 청춘이 이런 환경 속에서 자유로울 수 있을까? 그런데 어떤 사람이 하면 스펙 늘리기, 또 어떤 사람이 하면 스토리가 된다. 차이가 뭘까? 자기 안의 확고한 동기가 있고 없음에 달려있는 것 같다. 내 안의 동기가 강렬하다면, 그것이 비록 실패할 확률이 크고 말도 안 되는 도전이라고 하더라도, 세상에 둘도 없는 그만의 이야기가 된다.

이야기를 만들다 보면 또 다른 이야기가 풀린다. 스마트폰과 SNS의 발전은 많은 청년 사업가에게 큰 기회를 주고 있다. 대학생들에게 필요한 학교 정보를 서비스하는 '아이 러브 캠퍼스'라는 앱도 그런 사업 중 하나다. 이 앱을 개발한 박수왕 대표는 스무 살 무렵부터 학원 기숙사에 김치를 납품하는 것부터, 가수들 공연장 앞에서 야광봉을 판매하는 것까지 사업에 관한 한 계속 시도하고 실패하기를 반복했다. 심지어 남다르게 군대생활을 해서 성공한 사람들을 찾아가 인터뷰한 것을 모아 책까지 썼다. 그는 한 때 이 원고를 가지고 출판사들을 찾았지만, 30군데 이상의 출판사가 이를 거절했고, 마침내 한 출판사에서 책이 출간됐다. 그리고 책의 인세로 받은 돈으로 지금의 앱 회사를 차렸다. 아직 20대인 이 재기발랄한 청년 사업가가 강조하는 것 또한 남다른 선택, 자신만의 스토리다.

UN 산하 기구인 'UN 거버넌스 센터'에서 얼마 전까지 홍보 팀장으로 일했던 김정태 이사도 비슷한 이야기를 한다.

우리나라 젊은이들이 UN에 입사 지원을 할 때엔 보통 스펙을 준비해오는데, UN의 이력서 양식에는 그런 것을 쓸 곳이 없다고 한다. UN의 이력서는 오직 자신의 구체적인 역량에 관한 스토리를 요구하고 있다. 그 역량이란 '내가 아는 지식'이 아니라 '내가 한 활동'이다. 특히 다른 사람을 위해 활동하게 되면 그 자체가 본인의 역량이 되는 것이다. 자신만의 이야기를 써내려간다면 열등감이나 비교 의식 등이 별 쓸모가 없어진다. 게다가 자신의 이야기가 소중한 만큼 다른 사람의 이야기도 존중하게 된다. 얼마나 훌륭한 선순환인가!

지금 기성세대에게 젊은 시절로 다시 돌아간다면 무엇을 하고 싶으냐고 묻는다면 어떤 답이 가장 많이 나올까? 통계를 내보진 않았지만, 아무래도 '나답게 살고 싶다'는 대답이 가장 많을 것 같다. '나답게, 나만의, 내 개성에 맞게'는 나만의 이야기에 해당되는 말이다.

세상 돌아가는 것을 보면, 점점 힘들어지기만 할뿐 나아질 것 같지는 않다. 시키면 시키는 대로 하는 것은 바보짓이지 경쟁력이 아니다. 때로는 모두가 "예" 할 때, "아니오!"라고 말할 수 있어야 한다.

나 역시 젊을 때 세계일주를 했다면 내 인생이 달라졌을 것이라는 생각을 많이 한다. 여행기를 몇 권은 썼을 것 같고, 세계 곳곳의 문화를 다 체험하면서 인생의 깊이가 달라졌을 것 같다.

지금이라도 훌쩍 떠나면 되지 않을까? 그러나 이제는 무작정 움직일 수가 없다. 부양할 식구가 있고, 일과 관련된 스케줄이 꽉 잡혀있다. 어른으로서 살아야 하는 슬픔이다. 백만장자 노인이 자신의 모든 재산을 주고서라도 사고 싶은 것이 '젊음'이라고 답했다는 유명한 일화가 있다. 무모한 도전은 아직 어른이 되기 전인 청춘들만의 특권인 것이다.

나는 나의 이야기를 쓰는 소설가다. 어디에나 있는 흔하디흔한 이야기라면 별로 읽고 싶지 않을 것이다. 우리의 삶은 이야기를 원할 뿐 아니라, 이야기에 의해서 만들어진다. "삶은 언제나 길을 찾아낸다Life finds a way"고 하지 않던가. 그 길은 이야기를 통해 전수되는 길, 아직 가보지 않은 미래를 예측하는 길이다. 물론 고독과 불안을 동반할 때가 많다. 그러나 길을 찾는 과정에서 고독과 불안을 떼어낸다면, 자신을 부정하며 살아가는 무징표의 존재가 될 뿐이다. 내 안의 동기에 이끌려 새로운 길을 만든 나만의 이야기를 써보자. 누구에게도 숨길 필요가 없기에 함께 나눌 수 있는 이야기를…. 철저하게 아름답고, 고통스러운 청춘을 소재로 한 이야기를….

청춘의 시간은 생각보다 짧다. 《토지》의 작가 박경리 선생도 유고집에서 "잔잔해진 눈으로 뒤돌아보는 청춘은 너무나 짧고 아름다웠다. 젊은 날에는 왜 그것이 보이지 않았을까?"라고 말했다. 청춘의 아름다운 시간을 볼 줄 아는 혜안을 지녔다면, 자신이 하고 싶은 것을 자기답게 해보자. 그것이 나의 이야기, 나만의 인생 스토리가 될 것이다.

내 선택 앞에
주저하지 않기를

프랑스 철학자 장 폴 사르트르는 "인생은 BCD"라고 했다. (B) Birth(태어남)로 시작해서 (D)Death(죽음)로 끝나는데, 그 사이에 (C) Choice(선택)이 있다는 것이다.

학교를 관둘까 말까, 대학원을 갈까 유학을 갈까, 이 회사를 갈까 저 회사를 갈까, 이 사람과 결혼할까 저 사람과 결혼할까, 회사를 관둘까 말까 등등 인생은 수많은 선택의 연속이다. 하지만 어른으로서의 삶, 즉 자신의 삶을 만들어가기 시작하는 시점에서 선택은 매우 낯설고 부담스럽게 다가온다.

선택에 관해서라면 우리는 꽤나 보수적이다. 한정식은 메인 메뉴 한 가지만 선택하면 나머지 밑반찬은 선택의 여지가 없이 자동으로 따라온다. 거의 절반 이상의 음식은 반도 손대지 않고 그냥 음식물 쓰레기가 된다. 이렇게 버려지는 음식물 쓰레기가 연간

7조 원어치 이상이라는 통계도 있다. 선택권을 주지 않아서 생기는 낭비와 오염이다.

반면 미국의 피자 문화는 어떤가? 메인 하나만 기본이고, 나머지 토핑을 비롯해서 추가 메뉴와 음료까지 모두가 선택이다. 추가할 때마다 가격과 양이 달라지므로 자기가 먹고 싶은 것을 선택해서 먹을 만큼 주문할 수 있다. 남으면 포장해서 집으로 가져갈 수도 있다.

자유로운 선택권을 주지 않다 보니 우리는 억지 선택을 많이 한다. 그것이 결과가 좋았다면 새로운 발판이 되었겠지만, 그렇지 못했다면 무언가를 포기한 셈이니 큰 손실이 된다. 그래서 잘된 것은 자기 덕이고, 잘못된 것은 조상 탓으로 돌리는 심보가 나오는 것이다.

당연한 이야기지만 중요한 선택일수록 자기가 하는 게 좋다. 당연한 이야기인데도 그러지 못하고 사는 이유는, 부모의 선택이나 일방적인 결정에 순종하는 것이 미덕이라는 생각에 스스로 자신의 선택권을 곧잘 포기하고 살기 때문이다.

스스로 치열하게 고민해서 선택하면 그 순간부터 행복지수 자체가 달라진다. 선택을 했더니 결과가 좋아서 행복한 것이 아니라, 단지 '내가 선택했다!'는 것 자체가 행복감을 높인다. 선택하는 순간 사람의 마음은 '어차피 주사위는 던져졌고 이제는 잘해도 내 책임이고, 망해도 내 책임'이라고 생각한다. 그러니 만약 현실적

어려움이 생기더라도 받아들이겠다고 굳게 마음먹게 된다. 내 인생은 내 것이고, 내 뜻에 따라 자유롭게 산다는 마음가짐을 가질수 있으니 삶에 대한 만족도가 올라갈 수밖에 없다.

부모가 항상 옆에서 치워주고 잔소리를 하며 뒷바라지해주는학생이 있었다. 그는 그 때문에 부모님과의 관계에서 많은 스트레스를 받으며 자랐다. 그러나 정작 그가 대학생이 되어서는 수강신청도 혼자서는 하지 못하고 늘 부모의 의견을 받고서 결정했다. 부모의 지나친 간섭과 개입 때문에 자기주도적인 삶이 사라져버린 것이다.

대기업 임원에게서 직접 들은 이야기도 있다. 스펙도 좋고 성격도 좋아서 잘 적응할 것이라고 기대를 모았던 한 신입사원이 있었다. 그분이 그 신입사원의 전화 통화를 우연히 화장실에서 듣게되었다. 회식 장소가 어디가 좋을지 신입사원에게 알아보라는 지시를 내린 직후였다.

"엄마, 나 큰일 났어. 나 보고 회식 장소 알아보래. ○○역에서가까운 곳 중에 어디가 좋아? 검색해봤는데 너무 많아. 엄마가 좀알아보고 정해줘. 엄마~."

겉으로는 대인관계도 좋고 사회성도 훌륭해 보였던 그 청년의이면에는 미처 자라지 못한 어린아이가 숨어있었던 것이다. 아무리 외향적이고 성격이 좋더라도 앞으로 그가 사회생활을 잘해 낼 수 있을까?

　사람은 자기 스스로 결정하고 싶다는 심리적 욕구를 가지고 있다. 이를 뒷받침하는 실험도 있다. 신호에 따라 손가락을 세우는 단순한 실험을 통해 뇌 활동을 비교하는 연구가 있었다. '어느 손가락을 세우게 할지 미리 정해놓은 경우'와 '스스로 세울 손가락을 결정하게 한 경우'로 나누어서 실험을 했다. 결과는 명령에 따르는 단순한 작업을 할 때는 거의 활동하지 않았던 뇌가, 스스로 결정하게 하자 복잡한 활동을 시작했다. 또한 퍼즐 맞추기 실험을 통해 자기결정성을 알아보는 실험도 있었는데, 퍼즐 맞추기를 좋아서 했던 그룹은 실험이 끝나도 계속했지만, 대가를 받고 한 팀은 실험이 끝나자마자 그만뒀다고 한다. 여기서 알 수 있는 것이 바로 스스로 원해서 한 결정이었는지 아닌지에 따라 심리적 영향이 다르게 미친다는 것이다.

　사람이란 자기가 결정해야 더 행복하다고 느끼게 되고, 그래야 두뇌 활동도 더 활발해져 성과를 내게 된다. 누구나 아는 말 같지만, 요즘 20대들 중에는 어른아이가 너무 많다. 자기결정을 어떻게든 회피하려고 한다. 환경적으로 그렇게 자라다 보니 마치 자기결정 자체가 피하고 싶은 어떤 것 또는 두려운 무엇으로 보는 것이다.

　자기결정력은 스스로를 행복하게 하는 열쇠다. 인생에 있어서 중요한 결정은 자기가 해야 인생 전체가 행복해질 수 있다. 그러나 많은 이가 막상 결정의 순간이 오면 두렵고 판단이 서지 않는다고 토로한다. 어떻게 해야 좋을까?

우선은 결정할 때 부모나 친구, 친척의 의견도 중요하지만 무엇보다 자신의 의견이 더 중요하다는 사실을 인정해야 한다. 주변 사람들의 입장이나 시선에 갇히면 내 결정이 아닌 그들의 결정을 하게 된다. '내가 되고 싶어하는 인생의 목표가 무엇인가?'를 계속 스스로에게 물어봐야 한다. 부모, 선생님, 선배의 조언도 중요하지만 '내가 가장 중요하다고 생각하는, 그리고 진정으로 내가 되고 싶은 사람이 어떤 사람인가?', '하고 싶은 그 일에 대한 가치를 여러 방면에서 판단하기 위해서 무엇을 할 수 있는가?' 등등 나를 중심에 놓고 하나하나 질문을 해야 한다. 그렇게 할 때 내가 무엇을 결정해야 하는지가 분명해진다.

자신의 길을 걷는 기쁨

텔레비전 강연 프로그램에서 '동네 변호사'라는 이름으로 나온 한 변호사가 떠오른다. 그 주인공은 이미연 씨이다. 그녀는 대학 시절에 여러 사회문제를 겪으면서 '누군가에게 도움이 되고 싶다'는 바람을 갖게 되었고, 그래서 사법시험을 5년간 치렀다. 어렵게 합격해서 법조인이 되었지만, 그녀는 법조계 특유의 권위적인 조직문화에 적응하지 못해 많이 방황했다.

일반적으로 변호사 하면, 잘사는 동네에 번듯한 사무실을 차려서 좋은 옷을 입고 직원을 거느리는 풍경을 상상한다. 하지만 이미연 씨는 사람들이 마음 편하게 쉽게 방문할 수 있고, 자신이 즐길 수 있는 사무실을 열고 싶었다. 그래서 대한민국 변호사 대부분이 몰려있는 강남구 서초동이 아닌, 자신이 태어났고 자란 고향에 소박한 카페처럼 사무실을 차렸다. 처음 변호사 사무실을 열어 맡았던 사건은 지나가다 들린 어느 할머니의 보증금 반환 사건이었다. 홀로 사시는 그 할머니는 미국에서 와서 가족도 하나 없고 한글도 잘 몰랐다. 임대인이 그 사실을 악용하여 할머니에게 보증금을 돌려주지 않고 있었던 것이다.

할머니의 사정을 들은 이미연 씨는 바로 임대인에게 전화를 걸어 곧바로 사건을 해결해주었다. 변호사가 전화를 하자 못된 마음을 먹었던 임대인도 어쩔 수 없었던 것이다. 할머니는 일주일 후 골뱅이통조림을 가져다주며 "덕분에 보증금을 받을 수 있었어. 정말 고마워"라고 했다.

이미연 씨는 그 일로 자신이 가고자 하는 길이 무엇인지 확신할 수 있었다고 말했다. 다른 사람에게 '있어 보여야' 가치 있는 일이 아니며, 오히려 그렇게 살면 자기 인생을 똑바로 살지 못하고 있는 것이라는 말도 덧붙였다. 자기 인생을 남의 눈으로 보고 있기 때문이라면서 말이다.

사법시험에 합격하고, 어느 정도 영향력이 생긴 법조인이라면 화려한 건물에 개업하고 번듯한 사건만 맡아서 변호하려 한다. 그러나 이미연 씨는 자기의 소신대로 자기만의 스타일로 일을 시작하였으며, 처음 법조인이 되었을 때의 바람대로 '남에게 도움을 줄 수 있는 사람'이 되었다. 이것만큼 좋은 인생이 어디 있겠는가?

　남들이 좋다고 하는 것에 혹해서 남의 인생을 대신 살기로 결정하지 마라. 보기에 번듯한 것보다 내가 좋아하는 것을 택하는 것이 진짜 행복이다. 흔한 성공보다 자기만의 행복한 성공을 찾아라. 건투를 빈다.

공부에 미련없는
인생이 있으랴

교육전문가들은 한결같이 조기교육에 반대하고 '적기교육'을 강조한다. 아이가 스스로 배우고자 할 때 배우고 싶은 공부를 하게 하는 것이 가장 효율적이며, 호기심과 열정을 계속 유지할 수 있다는 것이다. 그러나 주변을 둘러보면 부모 욕심에 아이가 원하지도 않는 공부를 원하지 않는 때에 하게 하는 일은 매우 흔하다.

다음에 나오는 예원이 역시 부모의 지나친 교육열 때문에 일찌감치 공부에 흥미를 잃어버렸다. 그녀가 방황 끝에 하게 된 고민을 통해서 학교 공부에 대한 새로운 성찰을 해보자.

예원이는 어릴 때부터 엄마의 치맛바람이 너무 강한 탓에 당시 유행하는 모든 과외교육을 받으면서 자랐다. 초등학생 때까지만 해도 엄마 말씀을 고분고분 잘 들었지만 중 3때부터는 소위 말하는 '문제아 그룹'에 끼고 말았다. 엄마가 자신을 기계처럼 다루는 데 숨이 막혔기 때문이다.

자신이 무언가를 잘해야 칭찬을 해주는 엄마와 달리 자유로운 그 친구들은 성적에 상관없이 언제나 의리를 보여주었다. 자신이 있는 그대로 인정받을 수 있다는 사실이 좋았고, 그들과 함께 있으면 무서울 것도 없었다. 학교 규정상 귀밑 6센티미터인 머리도 너무 싫어서 기르고 복장도 불량하게 입었다. 뿐만 아니라 가출도 몇 번 했다.

착하고 말 잘 듣던 딸이 180도 변하자 예원이의 엄마는 충격을 받았다. 그것도 장장 5년간이나 일탈이 계속되자 딸과의 사이가 말로 할 수 없을 만큼 틀어졌다. 고교 입학을 두고도 말이 많았다.

예원이 엄마는 대학에 가고 싶지 않다는 그녀를 겨우 말려서 인문계 고등학교에 보냈지만, 그녀는 적응을 잘하지 못했다. 마음을 잡길 바랐기에 미술반으로 보냈지만, 어릴 때부터 학원을 다니며 실력을 쌓아온 친구들과 비교가 되면서 오히려 더 방황했다.

예원이의 수난은 계속되었다. 그녀는 학교에서 인정받을 수 있는 것이 그야말로 아무것도 없다고 여겼다. 학교를 왜 다니는지, 졸업장을 따기 위해서 몸만 왔다 갔다 하면 되는 것 아닌지 등등을 생각하며 학교라는 것 자체를 경멸했다. 무단결석과 조퇴 등을 하다가 부모님에게 들키기도 했고, 저녁시간에 혼자 밖에서 배회하다 집에 들어가는 일도 잦았다. 결국 고등학생 때에도 문제아로

낙인이 찍혔고, 결국 예원이의 성적은 대학에 들어가기 어려운 정도가 되었다.

예원이는 평소에 농담 반 진담 반으로 대학을 포기했다고 외치고 다녔는데, 막상 고등학교 졸업 후 그렇게 되어서 아르바이트만 하며 지내게 되자 기분이 이상했다. 한때 같이 '놀던' 친구들도 모두 전문대학교에 입학했는데 자신은 미용실에서 일을 하고 있는 것을 생각하면 괜히 눈물이 나고 화가 났다.

물론 의리 있는 그 친구들을 만나면 "미용은 기술로 승부해야 하니 경험보다 더 좋은 것이 없고, 돈을 모아서 작은 나만의 미용실을 차릴 계획"이라고 확신에 찬 듯 이야기했지만, 집으로 돌아오는 길에 눈물을 훔쳐야 했다. 오히려 친구들은 생각 없이 대학생활을 하고 있는 자신들 보다 낫다며 그녀를 칭찬했지만 말이다.

한 해 두 해 지날수록 예원이의 속마음은 상당히 복잡해졌다. '이대로 계속 살다가 언젠가 후회하고 말겠지?', '비싼 돈 주고 저렇게 철없이 대학을 다니는 애들은 이해되지 않지만, 솔직히 대학생활은 부럽다'는 열등감이 뒤엉켰다. 뒤늦게 공부를 다시 해야 하나, 아니면 이대로도 괜찮은가를 생각하고 고민하면서 시간만 흘러갔다. 이런저런 생각으로 시간을 흘려보내는 그 사이에 자신이 늘 어정쩡하게 서 있음을 발견했다.

공부가 전부는 아니지만, 타이밍이란 건 있다

공부가 인생의 전부일까? 공부 따위는 무용할까? 특히 많은 부모는 공부가 인생의 전부를 좌우한다고 생각하기에 오로지 공부만을 강조한다. 그래서 예원이처럼 심한 치맛바람에 휘둘려 일찌감치 날라리의 길을 택하는 아이들도 있다. 심지어 공부 못하면 자식 취급조차 하지 않는 부모도 있지 않은가.

공부가 인생의 전부가 아니라는 사실을 깨달은 적이 있는가? 만약 그랬던 시기가 초등학생 때였다면 너무 조숙했다. 특별히 예체능에 재능이 뛰어났다면 몰라도, 그렇지 않은데 공부와 일찌감치 인연을 끊었다면 10대 시절에 꽤 많은 시련을 겪었을 것이다.

중·고등학생 때 그 사실을 깨달았는가? 그때는 깨달았더라도 늦었다. 다른 선택이 쉽지 않았을 테니까 말이다. 이미 공부는 해도 그만, 안 해도 그만이 아니며, 당장에 발등에 떨어진 불을 끄기에 바빴을 것이다.

우리나라 교육은 자신의 선택에 대한 타이밍이 사실상 없다. 시쳇말로 '못 먹어도 고keep going'이다. 세칭 '타짜'의 세계처럼 학부모는 공부를 잘하든 못하든, 학원 보내고 과외 시키면 언젠가 성공할 수 있다는 신념과 본전 생각으로 자신들의 욕심을 멈추지 않는다.

그렇다면 한국에서 태어난 이상 공부가 인생의 전부가 아니라고 과감하게 선언할 수 있는 시기가 없다는 말인가? 단정할 수는 없다. 사실 자기 생각과 재능을 깨닫고 꿈을 펼치기 시작했을 때, 일률적인 공부는 크게 의미가 없어진다. 그때야말로 공부만이 인생의 전부가 아니라는 것을 자신과 부모에게 당당하게 선언할 수 있다.

그러나 선언 후에는 어떻게 되는가? 자기가 좋아하는 것만을 공부하면 되는가? 다른 건 더 이상 공부할 필요가 없는가? 이 질문의 답은 그다지 단순하지 않다. 다만 공부에는 타이밍이란 게 있다. 책을 통해 만난 두 사람의 공부 이야기를 들어보자.

《날라리 비보이, 회계사 되다》란 책의 주인공 서준혁 씨는 어릴 때 '비보이'라는 꿈을 갖게 되고, 최고의 비보이가 되기 위해 모든 것을 뒤로한 채 춤에 빠져 살았다. 공부가 얼마나 뒷전이었는지 고2 때까지 인수분해를 못 할 정도였다면 알만하다.

서준혁 씨는 각고의 노력 끝에 비보이팀인 피플크루에 입단하고 성공을 경험했다. 17년을 공부와 담쌓고 살며, 피자 배달 아르바이트를 하면서 춤을 추던 그였다. 그런데 문득 '이 일을 평생 동안 할 수 있을까?'라는 질문을 자신에게 던지기 시작했다. 춤을 추고 피자 배달을 통해 생활을 이어가던 삶, 그는 10년 후에도 이 일만 하며 행복할 수 있다는 확신이 서지 않았다. 그리고 다른 가능성을 찾아야겠다고 결심했다.

또 한 사람은 야구를 접고 공부를 시작해 사법시험에 합격하고 법조인의 길을 걷게 된 이종훈 씨다. 그의 책 《인생은 야구처럼 공부는 프로처럼》을 보면, 그는 전교 755명 중 750등을 하는 열등생이었다. 'I love you'도 쓸 줄 모르던 고등학교 야구부 학생이었지만, 어느 순간 공부의 필요성을 느끼고 공부를 시작했다. 750등에 영어 까막눈인 상태에서 공부를 하며 겪은 열등감이나 절망감이 얼마나 컸겠는가!

지금도 수많은 청소년을 포함한 청춘들이 K-Pop 스타를 꿈꾸며 오디션을 준비하고 있다. 학교 공부는 내팽개치고 오로지 꿈에 인생을 걸고 있다. 그들에게 묻고 싶다. 정말 좋아하는 그 일을 평생 할 수 있다고 생각하는가? 지금 그 일이 공부와는 아무런 관계가 없다고 확신하는가?

앞서 소개한 이 두 사람 역시 공부와는 담을 쌓고 살았다. 오로지 춤만 추고 야구만 하면, 그러니까 자기가 하고 싶은 것만 잘하면 평생 먹고살 수 있다고 생각했다. 그런데 왜 뒤늦게 공부에 올인을 했을까? 무엇이 공부에 흥미를 붙이도록 이끌었을까? 그렇게 춤에 미치고 야구에 인생을 걸었던 이들에게 공부는 왜 필요했을까? 뒤늦게 시작한 공부 탓에 얼마나 심한 열등감을 느꼈을까? 등등 수십 가지의 의문이 떠오른다.

중요한 것은 지금 당장 공부가 필요 없을 것 같아도, 어느 한순간에 그 필요성을 깨닫는 날이 올 수 있다는 것이다. 그렇다고 지금 하고 싶은 것을 모두 접고 공부하라는 말이 아니다. 자신이 절실한 필요를 느낄 때 공부해도 늦지 않다.

다만 '지금은 너무 늦었다'고, '지금 공부해서 뭘 하겠느냐'고, '이렇게 살아왔기에 어쩔 수 없다'고 하면서 단념하지 마라! 일찌감치 공부와 담을 쌓은 경우와는 달리, 정작 멀쩡하게 학교에 잘 다니는 친구 중에 공부를 하지 않는 이들이 있다. 이런 청춘들의 숫자도 굉장하다. 이들은 의욕에 차서 이것저것 외부 일을 벌이다가 정작 중요한 공부를 못한다고 토로한다.

그러나 처음부터 공부를 소홀히 할 수밖에 없는 환경 속에 스스로를 밀어넣지는 않았는지 객관적으로 따져봐야 한다. 그냥 놀면서 공부하지 않았다는 것은 스스로도 용서할 수 없기에 환경적인 핑계를 대면서 하지 못했다고 말할 수 있기 때문이다. 적어도 자신만의 공부를 할 수 있는 신체적·정신적 에너지를 저장하는 지혜로운 자기통제가 필요하지 않을까?

일찌감치 공부 자체를 내팽개쳤거나 환경적인 핑계를 대면서 공부를 소홀히 했다면, 지금이라도 새롭게 친구를 사귀는 마음으로 공부와 사귀어라. 공부를 못했다는 열등감을 평생 끌어안고서 살고 싶은가? 공부가 필요하다는 사실을 깨달았을 때 정면 승부하자.

학교 공부도 필요하다는 자각이 든다면 머뭇거릴 이유가 없다. 다시 붙잡아야 할 때, 다시 붙잡을 수 있을 때 과감하게 붙잡아라. 자신에게 맞는 시기가 언제인지 모르지만, 공부에 대한 자각이 든다면 행동하라. 어쨌거나 공부는 필요하다.

현명한 선택을 위하여
오픈 마인드

어느 날 나무꾼이 숲을 다스리는 떡갈나무에게 와서 말했다.

"저는 뒷산에서 이 도끼날을 얻었습니다. 그런데 자루가 없어서 쓰지 못하고 있습니다. 이 도끼날에 맞는 자루를 만들 나무를 얻고 싶습니다."

이 일은 숲속 나무들에게 아주 중대한 일이었다. 곰곰이 생각한 떡갈 나무는 나무꾼에게 말했다.

"일주일 후 이맘때쯤 오시오."

나무꾼이 돌아가자 떡갈나무가 회의를 소집했다. 쇠가 무엇인지, 쇠로 만든 도끼날이 무엇인지도 모르는 나무들은 도낏자루를 만드는 데 쓴다는 나무에 대해서 토론을 했다. 회의 결과 희생시킬 나무가 결정되었다. 평소 천덕꾸러기라고 놀림을 받던 물푸레나무를 나무꾼에게 주기로 한 것이다.

일주일 후에 찾아온 나무꾼에게 떡갈나무가 말했다.

"저 물푸레나무를 베어가시오."

나무꾼은 감사의 인사를 하고 물푸레나무를 잘라와 토막을 내고 도낏자루로 만들어 멋진 도끼를 완성시켰다. 그러고는 도끼날을 숫돌에 갈아 날을 세웠다.

다음 날 숲으로 돌아온 나무꾼은 그 도끼자루를 거머쥔 손으로 힘껏 나무를 내려찍었다. 아무리 튼튼한 나무도 쇠로 만든 도끼날을 이기지 못하고 쓰러졌다. 이렇게 해서 나무꾼은 숲에 있는 훌륭한 나무를 모두 찍어 쓰러뜨렸다. 마지막 떡갈나무까지도! 떡갈나무는 쓰러질 때가 되어서야 자신이 무슨 일을 벌였는지 깨달았다.

출발이 필요한 당신에게

나름대로 신중한 의사결정을 내렸지만 억울한 결말을 맞을 때가 있다. 결과가 억울함을 넘어서 트라우마가 되는 경우도 있다. '피라미드' 다단계 판매조직에 걸려들어 등록금마저 다 날린 후에 신용불량자가 된 학생을 본다. 자신이 배운 논리와 이론대로 세상이 돌아가지 않는 것에 대한 분노와 지적 열정에 사로잡혀 괜한 사고를 치는 청년도 있다. 모두 자기 생각과 아이디어대로 하면 쉽게 좋은 결과가 날 줄 알았는데 신중하지 못해서 '실수' 한 것이다.

우리가 자기결정을 두려워하는 이유도 여기에 있다. 그런데 잘 살펴보면 의사결정 과정 속에 이미 실패의 씨앗이 있는 경우가 있다.

실패하거나 실수하는 사람은 대개 자신이 결정하려는 그 일에 대해서 충분한 정보를 갖고 있지 않다. 즉흥적이고 무계획적이고 감정적으로 서두르면서 짧은 순간에 모든 것을 정하려고 한다. 그 분야에 대해서는 자기가 제일 전문가인 것처럼 혼자 생각하고 결정해도 된다고 자만한다.

자기결정을 할 때는 초를 다툴 만큼의 급박한 상황이 아니라면 시간적 여유를 충분히 가지고 이것저것 따져보아야 한다. 소위 '필이 꽂혀서' 눈 양측을 보호대로 가린 말처럼 무작정 달리지 마라. 숨을 한번 고르자. 충분히 생각한 후에 결심이 서면, 그 다음에는 다양한 의견을 반영하고 확인하는 과정을 거쳐야 한다. 특히 중요한 결정일수록 주변 사람에게 자문을 받는 냉철함이 필요하다. 귀를 열고 사람들의 이러저러한 말을 진심으로 들어야 한다.

무엇보다 의사결정 과정 중에 반드시 부모님에게 가장 많이 듣는 잔소리를 떠올리라고 강조하고 싶다. 매일 들어 지긋지긋한 잔소리가 무슨 중요한 실마리를 제공하느냐고?

흔히 부모님의 말은 잔소리로 치부하기 쉽지만, 냉정하게 생각해보자. 지금 부모 세대 중에도 머리에 잉크 꽤나 든 사람들이 많다. 이들은 스스로의 사리판단능력이 뛰어나고, 사물을 종합적으로 분석한다고 믿고 있고, 나름대로 그 노하우도 갖고 있다. 또한 사업 실패, 결혼생활, 자녀 양육 등 쉽지 않은 일을 경험하면서 "돌다리도 두들겨보고 건너라"는 진리를 몸으로 깨친 이들이다.

그런 분들이 나를 가장 오래 지켜봐온 결과, 어떤 일을 할 때 내가 반드시 주의해야 하는 점을 이야기해주는데 어떻게 듣지 않을 수 있겠는가.

잔소리가 듣기 싫어도 외면하지 말고 한 번은 그냥 가만히 들어보라. 충분히 들은 후에 그것을 반영할지 말지는 전적으로 당신의 권한이다. 부모님이 걱정하시는 바를 진심으로 이해해보면 지금까지 잔소리로만 치부했던 내용이 180도 다르게 들리는 경험을 하게 될 것이다.

많은 청춘이 박제된 지식과 경험만으로는 자신만의 삶을 살 수 없다는 걸 깨닫고 있다. 각박한 사회이지만 삶의 질을 충분히 고려해서 자신의 미래를 결정하고 싶어한다. 신중하고 합리적인 결정이야말로 자기주도의 인생을 살기 위한 첫걸음이라고 할 수 있다. 가까운 사람과 자기 자신에게 충분히 마음의 문을 열고 결정을 내리자. 결국 마음이 열린 만큼 미래가 보이고, 성공 확률도 높일 수 있다.

물론 많이 고민하고서 마음을 정했는데도 결과가 너무 두려워

결정을 회피하고 있다면, 흑인 인권운동가 마틴 루서 킹 목사의
말을 떠올려보자.

　"믿고 첫걸음을 내딛어라. 계단의 처음과 끝을 다 보려 하지 마
라. 그냥 발을 내딛어라."

누군가의 마음을 들여다보는 상담은 한 사람의 인생을 만나는 것과 같다. 대부분의 사람이 또 다른 사람을 만나길 간절히 원하지만, 이것은 두려운 일이기도 하다. 세상에서 사람만큼 알기 힘든 대상이 없지 않는가. 어두운 골목길에서 아무도 없는 것보다 사람을 만나는 것이 더 무서운 것처럼 말이다.

자기 속에 있는 숨겨진 자신을 만난다는 것 역시 무척 두려운 일이다. 상담을 하고 있는 나도 내 속에 숨어있는 진정한 나를 만나기가 쉽지 않다. 하물며 자기 자신도 그런데, 상담하면서 몇 번 본 사람에 대해서 이러니저러니 말한다는 것이 얼마나 조심스럽겠는가.

그러나 비슷비슷한 고민들로 혼자만 끙끙 앓는 젊은이들을 많이 만나면서 꼭 전해주고 싶은 말이 생겼다. 특히 '자기 자신이 누구인지 바라보라'는 말만큼은 어설픈 위로보다 훨씬 중요하다.

많은 청춘들이 자기답게 살지 못해서 아프다. 젊으니까 자신만을 위해 사는 것 같지만, 알고보면 대부분 내가 아닌 다른 사람을 위해 산다. '사람들이 나를 보고 과연 뭐라고 할까?' 하는 환청에 시달리는 것이다.

그들은 힘들었던 시절에 생긴 부정적인 생각에 빠져 자신이 세상과 친구들로부터 소외당하고 있으며, 그런 자신을 몹시 부끄러워한다. 그러다 보니 자신을 자꾸 꾸미게 된다. 문득문득 꾸며진 내 모습에 내가 놀라고, 내 목소리와 발언에 치를 떨게도 된다.

그렇게 이미 다른 사람처럼 살면서 진정한 나를 저 멀리 내팽개치고 상처투성이가 된 다음에야 겨우 자신을 되돌아본다.

'아, 나조차 나를 멀리하며 사랑하지 않았구나. 그런데도 이런 나를 있는 그대로 사랑해 줄 사람이 나타나지 않는다고 또 비관했구나.'

청춘은 하루아침에 빛나지 않는다. 자신답게 살면서 스스로를 빛나게 하는 연습 시간이 필요하다. 행복하고 아름답게, 무엇보다 청춘답게 살기 위해서는 내 속에 감춰진 모든 부정적 이미지들을 툴툴 털어버리고 바람에 날려 보내야 한다. 대충 '힐링'했다가는 더 깊은 분노와 우울감이 자리 잡을 수도 있으므로, 제대로 반성할 건 반성하고 자신에 대해서 놓아줄 건 놓아줘야 한다.

그런데 고약하게도 나쁜 기억은 자신을 쉽게 놓아주지 않는다. 마치 인질을 붙잡고 협박하는 것처럼 '너는 이랬었다'고 이야기하며 '그러므로 계속 이렇게 살라'고 윽박지른다. 이럴 땐 협상을 벌여야 한다.

그 과거가 추궁하는 나의 죄는 도대체 무엇인지, 거기서 벗어나려면 어떤 대가를 치러야 하는지를 파악해야 한다. 그렇게 하다 보면 이런 의문이 들것이다. '고작 이만한 일에 내가 이렇게 죄인처럼 살아야 하나? 고작 돈 몇 푼에, 시험 당락에, 연애 실패에 치사하게 죽고 싶다는 마음을 품어야 하나?'

사람은 멀쩡하다가도 죽을 때가 되면 죽고, 죽기 싫어 발버둥쳐도 언젠가는 죽는다. 어차피 우리 모두는 언젠가는 반드시 죽는다. 그런데 순서도 모르고 먼저 가려고 세치기하는 건 '너무 예의 없다!'

처음 맛보는 크고 작은 실패가 아직 용납되지 않는가? 이제야 겨우 자신을 자각할 줄 아는 진짜 인생을 시작한 것뿐이다. 그동안 스스로를 숨 막히게 옥죄어 온 내 삶의 이야기를 그냥 다 쏟아놓아라. 그렇게 하면 좌절이나 죽음이 아닌 세상을 향한 자신만의 문이 서서히 열릴 것이다.

그렇다고 잠긴 문을 억지로 발로 걸어차면서 열려고 하지 마라.

안 열리는 문을 열려고 발로 걷어찼다가 문짝조차 쓸 수 없게 된다. 문고리를 잡고 있는 것이 무엇인지를 눈여겨보라. 스스로 용서되지 않는 그 무엇 말이다. 그것이 그만한 가치가 있는지도 물어보라.

푸시킨은 '너의 영혼이 이끄는 대로 자유로운 길을 가라. 너의 고귀한 행동에 어떤 보상도 요구하지 마라. 보상은 너 자신인 것이다'라고 말했다. 하지만 보상에 대한 기대감도 없이 영혼이 이끄는 대로 자유로운 길을 가는 것은 결코 쉽지 않다. 그것은 현실의 벽을 뛰어넘는 용기와 자신감을 요구한다.

다행히 이때 필요한 용기와 자신감은 생각보다 대단한 수준이 아니다. 상처를 진지하게 들여다보는 것만으로 절반은 해결된 것이다. 마음에 남아 있는 찌꺼기가 비워지면 가벼운 마음으로 일어설 수 있다.

뒤를 돌아보라. 자신과 비슷하게 고민하는 친구들, 언제나 나의 행복을 빌어주는 부모님 그리고 사랑하는 친구들이 있다. 무엇이 겁나는가. 툭 털고 일어서라. 내 인생의 멋진 날들은 아직 오지 않은 날들이다.